Bayerisch genießen

Alfons Schuhbeck

Bayerisch genießen

Schmankerl und Brauchtum aus Bayern

südwest

INHALT

Vorwort 6

Bier und Braukunst 8

Zum Wohl! 10

Frühling 12

März – Fasten- und Starkbierzeit 14

Frühjahrsanfang

Rezepte 16

April – Osterzeit und Brauchtum in den Bergen 30

Walpurgisnacht und Georgiritt

Rezepte 32

Mai – Maibaum aufstellen und Muttertag 42

Eisheilige, Himmelfahrt und Vatertag

Rezepte 44

Sommer 56

Juni – Pfingstfest und Sonnwend 58

Siebenschläfer

Rezepte 60

Juli – Biergarten und Schützenfeste sowie Jakobi 70

Rezepte 72

August – Garten- und Grillfeste sowie Mariä Himmelfahrt 80

Fischerstechen und St. Bartholomäustag

Rezepte 82

Herbst 90

September – Oktoberfest und Almabtrieb 92
Hopfenernte und Wiesnzeit
Rezepte 94

Oktober – Erntedank und Kirchweih 108
Rezepte 110

November – Leonhardiritt und St. Martin 118
Rezepte 120

Winter 126

Dezember – Advent und Christfest sowie Heiliger Nikolaus 128
St. Barbara
Rezepte 130

Januar – Silvester und Neujahr 142
Heilige Drei Könige und Eisstockschießen
Rezepte 144

Februar – Fasching und Aschermittwoch sowie Mariä Lichtmess 152
Blasius und Schlittenfahrten
Rezepte 154

Rezepteregister 158
Bayerisches Wörterlexikon 159
Impressum 160

Liebe Schmankerl-Freunde,

wer Bayern mag, der mag vor allem eins an Land und Leuten: unsere Begabung zum *Leben und Lebenlassen*. Wir sagen nicht: Das geht nicht. Wir sagen: Schau ma mal. Wir sagen nicht: Da kann man nix machen. Wir sagen: A bisserl was geht immer. Diese optimistische Einstellung ist uns Bayern ebenso selbstverständlich wie die allgemeine Volksweisheit, dass Essen und Trinken Leib und Seele zusammenhält. Die »Seele« muss man in diesem Zusammenhang ja nicht unbedingt religiös verstehen, sondern kann sie als Symbol fürs Gemüt nehmen, für das schöne Gefühl, mit sich selbst und seinem Drumherum im Reinen zu sein.

Wo aber lassen sich Leib und Seele besser zusammenhalten als in einem bayerischen Wirtshaus? Hier finde ich das, was ich mir wünsche, wenn ich mit meiner Familie zum Essen gehe, mich mit Freunden auf ein Bier oder noch eins treffe und Besuch aus der Ferne zur Brotzeit einlade. Denn das Wirtshaus bewirtet nicht nur, es hat auch eine Seele, nämlich die Wirtsleut, die es einem gemütlich machen, die den Gast nicht nur bedienen, sondern auch – symbolisch gesehen – als Freund des Hauses in den Arm nehmen. So stelle ich mir Gastfreundschaft vor.

Das Wirtshaus ist als Stätte des Wohlbehagens unübertrefflich, wenn es eine Küche hat, deren Düfte den Magen direkt ins Herz treffen ...

Das mag ja kitschig klingen, aber jeder von uns weiß seit der Kindheit, welche Wonnen der Duft eines Sonntagsbratens auslösen kann. Früher war's die Mutter, die uns damit beglückte, heute zieht es uns deswegen ins Wirtshaus. Natürlich nur, wenn es das typische Erfolgsrezept hat: die Mischung aus heimeliger Atmosphäre und hausmannsköstlichen Schmankerln, zu denen das frisch gezapfte Bier so gut passt wie das Lächeln zum Service.

Dann sind wir in einer heilen Welt, die Leib und Seele zusammenhält. Die beiden sind ja nicht nur bei uns in Bayern so verbandelt, denn überall stehen Kirche und Wirtshaus dicht beieinander. Zwar sind Kirchgang und anschließende Einkehr ins Wirtshaus nicht mehr so selbstverständlich wie in früheren Jahrhunderten, als das Geläut der Glocken das Tagewerk bestimmte und kirchliche Feste Feiertage waren. Doch die stündlichen Glockenschläge der wahrlich nicht immer guten alten Zeit würden wir heutzutage vielleicht lieber hören als die stündlichen Radiomeldungen aus einer Welt voller schlechter Nachrichten. Zu denen zählen für mich auch, dass die Spezialitäten unserer Heimat immer mehr untergebuttert werden. Stattdessen gibt's immer mehr Fertiggerichte, die man – wie Filme, Fernsehserien oder Filterzigaretten – auf einen möglichst weltweiten Einheitsgeschmack hintrimmt.

Je weiter diese Globalisierung fortschreitet, umso attraktiver werden unsere Wirtshäuser. Sie bewahren unser Heimatgefühl mit ihrer typischen Atmosphäre und Küche, sie beglücken als Treffpunkt am Feierabend und bei festlichen Anlässen aller Art. Sie locken uns mit der Familie am Muttertag, runden Geburtstag oder Hochzeitstag ab, und wir kommen, wenn wir unsere schönen alten Bräuche bewahren wie Erntedank, Starkbierzeit oder Maibaumaufstellen.

Je fremder uns die immer kompliziertere Welt wird und je gleichgültiger sich die immer egoistischeren Menschen unseres Alltags verhalten, umso lieber gehen wir ins Wirtshaus, wo wir uns wie unter Freunden fühlen, auch wenn Fremde an den Nachbartischen sitzen. Aber die haben ja die gleichen Vorlieben wie wir, und das verbindet schnell. Im Wirtshaus sind die Leut noch nett zueinander, da sagt man noch »Prost miteinand!« und meint das herzlich.

Als mich Hacker-Pschorr, eine der angesehensten bayerischen Brauereien, fragte, ob ich nicht mal ein Buch mit typischen und neuen Wirtshausgerichten für den ganz normalen Alltag und unsere vielen Feiertage machen möchte, da sagte ich spontan ja. Denn was passt besser zusammen als Bayern, Brauchtum, Bier und herzhafte Küche!

Willkommen im Wirtshaus!
Ihr
Alfons Schuhbeck

A. Schuhbeck

Bier und Braukunst

Ausgerechnet in der Nähe der oberfränkischen Bierstadt Kulmbach wurde der älteste Bierkrug gefunden; man datiert diesen Fund auf 800 v. Chr., was zu dem Schluss kommen lässt, dass bereits den Germanen und Kelten der Getreidesaft geschmeckt haben muss. Und das in großen Mengen, wie der Geschichtsschreiber Tacitus in seinem Werk »Germania« zu berichten weiß. Mittelalterliche Zeugnisse verweisen dann ebenfalls auf ein Brauwesen, wobei die Wirkung des Gerstensaftes in diesen Jahrhunderten mit Hilfe von Bilsenkraut (das »Kraut des Apollon«, da es wegen seiner berauschenden Wirkung bereits in der Antike für kultische Zwecke verwendet wurde) noch gesteigert wurde. Diese Getränke waren so massiv rauschhaltig, dass das heutige Starkbier dazu im Vergleich relativ milde ausfällt. Die gemahlenen Samen dieses Krautes dienten bis weit ins Mittelalter hinein als »Bierschärfe«: Sie wurden dem Gerstensaft beigemischt, um diesen »schärfer«, also berauschender zu machen. Der Name der Stadt Pilsen und damit letztlich auch die Bezeichnung der Biersorte Pils geht auf die Bilsengärten zurück, in denen die Pflanze von den Brauereien angebaut wurde.

Aber nicht nur Bilsenkraut, auch Bohnen, Erbsen oder Futterrüben wurden zur Biergewinnung herangezogen. Und nachdem man ja Hefen und deren Wirkung noch nicht kannte, entstand bei dieser unkontrollierten Gärung so manch absonderliches Gebräu, was zu allerlei Unbill in der Bevölkerung führte. So ist überliefert, dass ein Brauer in Nürnberg vom Gericht als Strafe dazu verurteilt wurde, sein Getränk »bis in alle Ewigkeit« selbst trinken zu müssen – wobei diese Ewigkeit bei mancher Bierqualität durchaus von kurzer Dauer sein konnte. Aber auch Schindluder wurde bereits betrieben: In Regensburg wurde Glattwasser verboten, ein höchst unbekömmlicher Aufguss von Maischeresten. So mancher Brauer nahm den schlechten Ruf, den er sich durch solche Panschereien erwarb, dann auch mit ins Grab: Auf einem bayerischen Grabstein ist heute noch zu lesen: »Bet', Wandersmann, drei Vaterunser, hier liegt ein arger Bierverhunzer!«

Genaue Prüfung des Gerstensaftes wurde zur Pflicht eines jeden Braumeisters.

Das Reinheitsgebot

Dem Reinheitsgebot ging zusätzlich zur Panscherei ein Streit um Bier und Wein voraus: Da ja mit der Biersteuer einiges zu verdienen war, kümmerten sich Regenten und Kirchenfürsten dann auch um diese Angelegenheiten. So wurde das Bierpanschen in Augsburg seit 1156, in Nürnberg ab 1293 und in München und Regensburg seit 1447 gesetzlich verboten. Streng katholisch ausgerichteten Städten wurde dann sogar das Bierbrauen von höchster Stelle, das war das Wein trinkende Rom, verboten: In Würzburg durfte ab 1450 für ganze 200 Jahre kein Bier hergestellt werden.

Im Jahr 1516 wurde dann endlich mit den unterschiedlichen Rezepturen und Ingredienzen aufgeräumt: Die Bayernherzöge Wilhelm IV. und Ludwig X. erließen auf dem Landständetag in Ingolstadt das Reinheitsgebot. Dieses mittlerweile weltberühmte Gesetz legte genau fest, was alles in dem edlen Getränk enthalten sein durfte – und was eben nicht. Gerste, Hopfen und Wasser, das sind die Zutaten, die ab diesem denkwürdigen Datum den Brausaft bestimmen. Das Kleinstlebewesen Hefe war noch nicht bekannt; aber früher waren genügend Hefen in den Braukellern in der Luft vorhanden, um die Gärung wie von selbst in Gang zu bringen. Heute ist das natürlich anders: Streng kontrolliert wird diese vierte Komponente, später dann auch gesetzlich reglementiert, beigegeben. Dass dennoch so unterschiedliche

Biere dabei herauskommen, ist der Kunst der Braumeister zu verdanken, aber auch der Ingredienzen selbst: Ist das Wasser kalkhaltig oder nicht, wird aus der Gerste dunkles oder helles Malz gewonnen, welche Hefen sind es denn heute, die beigegeben werden. Und woher kommt der Hopfen.

Bierarten im Vergleich

Obwohl für alle Bierarten die Ausgangsbasis die gleiche ist, sind die Geschmacksrichtungen, die kundige Braumeister entwickeln, dann doch vielfältiger Natur. Denn – so die Künstler am Maischetopf – weder ist Malz gleich Malz noch Wasser gleich Wasser. Und natürlich ist das Sortenspektrum der Hefen ein schier unendliches ... Wie auch immer und was auch immer ein jeder Braumeister und eine jede Brauerei entwickelt, man unterscheidet folgende Brauverfahren:

Obergärige Biere: Dies gilt als die ursprünglichste Brauform. Bei der schnell verlaufenden Gärung bleiben die Hefen nach dem Gärprozess oben auf dem Bier. Diese Biere sind nicht lange haltbar, müssen also schnell genossen werden. Zu dieser Gruppe gehören Weißbier, Altbier, Kölsch oder auch das englische Ale.

Untergärige Biere: Sie wurden um 1500 in bayerischen Klöstern entwickelt und begründeten den Ruhm der bayerischen Bierherrschaft vor den norddeutschen auf obergärige Biere festgelegten Brauereien. Die Hefen sinken nach dem Gärungsprozess auf den Boden des Gärtranks ab. Diese Biere benötigen eine gewisse Reifezeit, dafür halten sie sich auch bedeutend länger. Da diese Gärform aber auch ein gewisses Maß an Kühlung bedarf, durfte in früheren Jahrhunderten nur zwischen September und März gebraut werden. Das

Das Reinheitsgebot räumte mit der Bierpanscherei auf.

»Märzen« ist ein Relikt aus dieser Tradition. Später wurden dann zum Kühlen Kastanien auf die Braukeller gepflanzt, die im Sommer mit ihrer reichen Belaubung für schattige Kühle sorgten. Hier sind Biersorten wie Helles, Pils, Bockbier, Dunkelbier oder auch das berühmte Oktoberfestbier anzusiedeln.

Und die Mengen?

Natürlich gibt es auch hier eine schier unerschöpfliche Vielfalt an Glasgrößen und der darin enthaltenen Biermenge – nicht zuletzt dank althergebrachter Maßeinheiten sowie lokaler Traditionen. Wir wollen uns hier auf die bayerischen geläufigen Maßeinheiten beschränken, die den Düsseldorfer »Becher«, das Dortmunder »Stößchen« und die Kölner »Stange« nicht berücksichtigen können.

Die Maß, weltberühmt durch die Wiesn geworden, barg ursprünglich 1,069 Liter. Heute ist es in Bayern und Österreich genau 1 Liter – der Eichstrich auf dem Bierkrug gibt die Menge vor und an.

Die Halbe wird dagegen eher im Glas ausgeschenkt und sagt alles über ihre Maßeinheit: 0,5 Liter sind es genau.

Das Quartel, 0,25 Liter, gibt's in bayerischen Wirtschaften im Glas und hat den Ruf, wegen seiner geringen Menge ein »Damenbier« zu sein.

Der Schnitt, das schnell aus dem einmal kurz, aber schwungvoll geöffneten Zapfhahn einlaufende Bier, das oft zum Abschluss eines bierseligen Abends getrunken wird – er ist sozusagen der Absacker unter den Bieren.

ZUM WOHL!

Was ist ein gutes Essen ohne ein frisch gezapftes Bier? Kaum ein anderes Getränk harmoniert auf so wundersame Weise mit den verschiedensten Köstlichkeiten aus einer guten Küche. Und kaum ein anderes Getränk ist so naturrein und wohltuend wie ein gutes Bier. Vor allem, wenn es aus Bayern stammt und traditionell nach dem bayerischen Reinheitsgebot gebraut ist – ausschließlich aus Hopfen, Malz und Wasser, wie bei Hacker-Pschorr.

Eine Brauerei im Wandel der Zeit

Die Geschichte der Hacker-Pschorr Bräu GmbH beginnt 1417 mit der »Preustatt an der Hagkagasse« – genau dort, wo man auch heute noch im »Alten Hackerhaus« in München Hacker-Pschorr-Biere ausschenkt, nämlich an der Ecke zur Sendlingerstraße. Knapp hundert Jahre später, nämlich am 23. April 1516, erlässt Herzog Wilhelm IV. das bayerische Reinheitsgebot, ein Edikt, dem Hacker-Pschorr bis heute strengstens folgt.

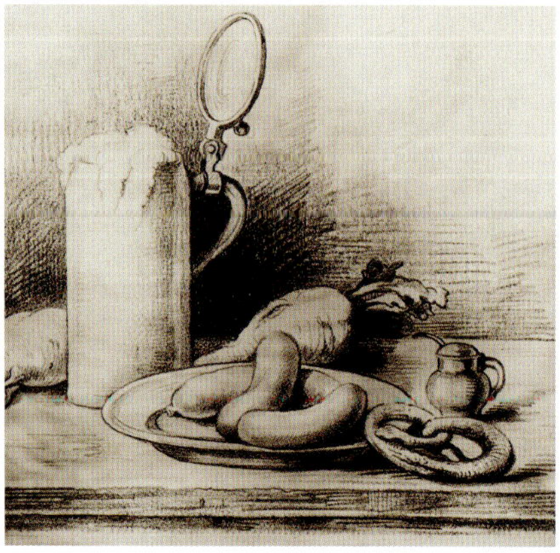

1738 erwirbt der Brauer Simon Hacker die erwähnte Braustätte und vererbt sie seinem Sohn Peter Paul. Gut sechzig Jahre später begründet die Heirat des Bauernsohnes und Brauknechts Joseph Pschorr und der Brauertochter Therese Hacker den Beginn der jetzigen Braudynastie. In mühevoller Arbeit führt der »König der Münchner Brauherren« die Brauerei an die Spitze der beliebtesten Münchner Brauereien; zu seinen Ehren steht in der Ruhmeshalle der Bavaria auf der Theresienhöhe eine Marmorbüste des am 3. Juni 1840 Verstorbenen.

Das Erbe fällt zu gleichen Teilen an die beiden Ältesten seiner 20 Kinder. Georg Pschorr erhält die »Brauerei zum Pschorr« und Matthias Pschorr die »Hacker-Brauerei«.

Zu Beginn des 20. Jahrhunderts müssen sowohl die Hacker- als auch die Pschorr-Brauerei eine Reihe von Rückschlägen verkraften. Neben den Zerstörungen durch die beiden Weltkriege waren auch noch Inflation und NS-Herrschaft dafür verantwortlich. Aber was zusammengehört, kann auch durch Kriege und Gewaltregime nicht getrennt werden: Nach dem Zweiten Weltkrieg beginnen die beiden Brauereien, die bereits zu Beginn des Jahrhunderts freundschaftlich kooperierten, die verbleibenden Braustätten gemeinsam zu nutzen. Und 1972 schließlich verschmelzen Hacker und Pschorr zu der Hacker-Pschorr Bräu AG.

Viel ist geschehen, seit man in der »Hagkagasse« mit dem ersten Bier angestoßen hat, in der Welt und in der Brauerei: Revolutionen, Expansionen und Modernisierungen. Aber eines ist geblieben: Seit beinahe 600 Jahren werden die Hacker-Pschorr-Biere mit Liebe und Sorgfalt gebraut – eine Qualität, die man schmeckt!

Bilder aus dem Archiv von Hacker-Pschorr.

HOCHGENUSS MIT LUST UND LAUNE

Die Hacker-Pschorr-Bierspezialitäten in der Bügelverschlussflasche

Bier wurde bereits im frühen 19. Jahrhundert in Flaschen, auch Bouteillen genannt, abgefüllt. Das waren allerdings keine Flaschen im heutigen Sinne, sondern verschiedene Aufbewahrungsbehältnisse aus Glas, Steingut, Ton oder Holz. Glasflaschen kamen erst um 1880 auf, mit Bügelverschluss ab 1890. Das Verschlussverfahren führte denn auch zu Problemen. Da ja das Bier aufgrund seiner Gärung einen gewaltigen Innendruck erzeugte, mussten die Verschlüsse besonders stark sein. Das waren die eigens dafür entwickelten Bügelverschlüsse, die einen Porzellanpfropfen, zumeist mit Hartgummi abgefedert, enthielten.

Ob vollmundig und würzig oder spritzig, frisch und süffig – die Hacker-Pschorr-Bierspezialitäten haben für jeden Geschmack exquisite Qualitäten zu bieten. Jede Biersorte hat ihren ganz eigenen Charakter. Wir sind stolz, dass gerade die traditionsreiche Marke Hacker-Pschorr als erste Münchner Brauerei ihre Spezialitäten wieder in der Bügelverschlussflasche anbietet.

- **ANNO 1417 – Naturtrübes Kellerbier**
- **STERNWEISSE**
- **Oktoberfest Märzen**
- **ANIMATOR – Naturtrüber Doppelbock**
- **SUPERIOR – Festbier**
- **MÜNCHENER GOLD – Export-Bier**

Heute sind Bügelverschlüsse wieder vermehrt gefragt.

FRÜHLING

MÄRZ
FASTEN- UND STARKBIERZEIT

Fasten reinigt den ganzen Körper. Und Starkbier hält ihn fit

Dass Mönche auf die Idee kamen, in der Fastenzeit Starkbier zu trinken, war nicht so gotteslästerlich, wie es scheint. Irgendwoher mussten sie ja die Energie für ihre schwere körperliche Arbeit gewinnen. Und vielleicht brachte sie die Milch der frommen Denkungsart auf das Motto »Flüssiges bricht das Fasten nicht«.

Die Paulaner beispielsweise, die der bayerische Kurfürst aus Italien nach München geholt und zur Gründung eines Klosters im Jahr 1627 am Fuße des Nockherbergs animiert hatte, kamen hier mit den strengen Fastenregeln nicht so gut zurecht wie im freundlichen Klima ihrer süditalienischen Heimat. Schlitzohrig erwirkten sie vom Landesherrn das Privileg, zum 2. April, dem Todes- und Gedenktag ihres Ordensgründers Franz von Paula, ein Bier brauen zu dürfen, das sie in aller Frömmigkeit »Öl des heiligen Franz« oder »Sankt-Vaters-Bier« nannten. Dass am 2. April ihre Fastenzeit begann und sie das damals schon in München bekannte Bockbier aus Einbeck als Doppelbock überboten, nahm niemand krumm.

Das sehr dicke und nahrhafte Gebräu wurde erst ein Genuss, als um 1770 Barnabas Still ins Kloster eintrat. Er war Sohn eines schwäbischen Brauers und gelernter Braumeister. Der Ruf seines Fest- und Fastenbiers, das die Paulaner trotz fehlenden Schankrechts ungeniert verkauften, lockte sogar den Münchner Hofstaat und Kurfürst Karl Theodor an,

Getränk und Nahrung in einem – so sah man das Starkbier schon in früheren Zeiten.

Immer noch wird der edle Brausaft in Holzfässern gelagert; nichts geht über eine Tradition, die sich bewährt hat.

der 1780 den freien Ausschank sanktionierte. Der Volksmund hatte das Sankt-Vaters-Bier mittlerweile zum »Savaterbier« und »Salvatorbier« verballhornt. Und die Fest- und Fastentermine wurden so großzügig gehandhabt, dass der früher so wichtige Josefitag (19. März) in die Starkbierzeit fiel. Denn an dem Ehrentag für den Schutzpatron der Arbeiter und Zimmerleute feierten die zahllosen Josefs und Josephs alias Seppn besonders feuchtfröhlich Namenstag.

Animierende Würze in der Fastenzeit

Das Fasten wurde und wird von der Kirche nicht als Reduktionsdiät empfunden, sondern als disziplinierte Enthaltsamkeit, um nach dem Motto »Hunger reinigt den ganzen Körper« unbeschwert Gott zu dienen. Unter der Woche auf Fleisch und Fett, Eier, Milchprodukte sowie aufwändige Zubereitungen alles Erlaubten zu verzichten, sollte Leib und Seele lebendiger und williger für das Wesentliche machen – was sicherlich auch den weniger Gottesfürchtigen nicht schadet. Wie schwer es aber selbst den Frommen fiel, signalisiert die Legende, dass in bayerischen Klöstern im Mittelalter die Gans zum Wassergetier erklärt wurde, um nicht alltäglich Fisch essen zu müssen. In diesem Fasteneinerlei kam im 17. Jahrhundert die Redensart vom Schmalhans als Küchenmeister auf.

Das macht die Sehnsucht nach einem Salvator begreiflich und nach einem malzreichen Animator, das Hacker-Pschorr in den schön nostalgischen Flaschen mit Bügelverschluss kredenzt. Es animiert wirklich – bei 19 % Stammwürze, aber nur 7,8 % Alkoholgehalt. Und fasten lässt sich ja auch danach.

Dann kommt der Genuss: Bei der jährlichen Starkbierzeit denkt kaum einer mehr ans Fasten.

KÄSEKÜCHLEIN MIT BÄRLAUCHSAUCHE

FÜR 4 PERSONEN

Teig

120 g abgetropfter Quark (in einem Küchentuch das Wasser ausgedrückt)
3 EL neutrales Pflanzenöl
1 Prise Salz
150 g Mehl
1 gestr. TL Backpulver (ca. 4 g)
etwas Butter für die Förmchen

Füllung

1 kleine Lauchstange
Salz
1/2 reife Birne
25 g kräftiger Blauschimmelkäse
25 g Bergkäse
2 EL klein gewürfelter Kochschinken
100 ml Milch
100 g Sahne
2 kleine Eier
schwarzer Pfeffer aus der Mühle
1 Prise gemahlener Kümmel
etwas frisch geriebene Muskatnuss
Salz

Sauce

100 g Crème fraîche
4–5 EL Sahne (nach Bedarf)
1 TL scharfer Senf
1 EL Zitronensaft
1 Prise Zucker
Salz, Cayennepfeffer
2 EL Bärlauchblätter, frisch geschnitten

Teig

- Quark, Öl und Salz verrühren. Mehl und Backpulver sieben und alle Zutaten zu einem geschmeidigen Teig verkneten. Diesen in 4 gleich große Stücke teilen, in Klarsichtfolie wickeln und bei Zimmertemperatur 15 Minuten ruhen lassen – so lässt er sich anschließend besser ausrollen. Je nach Flüssigkeitsgehalt des Quarks kann noch 1 Esslöffel Milch oder etwas Mehl hinzugefügt werden.
- Tarteförmchen von etwa 10 cm Ø und mit einem 1,5 bis 2 cm hohen Rand mit Butter ausstreichen und mit Mehl bestäuben. Die Teigstücke auf einer bemehlten Arbeitsfläche zu 2 mm dicken Teigscheiben ausrollen. Die Tarteförmchen damit auslegen und die überstehenden Ränder abschneiden.
- Den Backofen auf 200 °C vorheizen.

Füllung

- Die Lauchstange längs halbieren, waschen, abtropfen lassen und quer in Streifen schneiden. In kochendem Salzwasser bissfest garen, herausheben, sofort mit kaltem Wasser abschrecken und in einem Sieb abtropfen lassen; übriges Wasser mit den Händen kräftig ausdrücken.
- Die Birne schälen, entkernen und in möglichst kleine Würfel schneiden; den Blauschimmelkäse grob zerpflücken; den Bergkäse in kleine Würfel schneiden.
- Lauch, Birne, Käse und Schinken locker miteinander vermischen und zu gleichen Teilen in die Förmchen geben.
- Milch, Sahne und Eier verquirlen und mit Salz, Pfeffer, Kümmel und Muskat würzen. Den Eierguss bis knapp unter den Rand auf die Füllung gießen. Die Küchlein im vorgeheizten Ofen in 20 bis 30 Minuten goldbraun backen.

Sauce

- Crème fraîche, Sahne und Senf glatt verrühren. Mit Zitronensaft, Zucker, Salz und Cayennepfeffer abschmecken und zum Schluss den Bärlauch unterziehen.
- Jeweils 1 Küchlein mit etwas Sauce auf vorgewärmten Tellern anrichten.

KOPFSALAT-ERBSEN-SUPPE MIT MINZE

FÜR 4 PERSONEN
100 g Kopfsalat
einige frische Minzeblätter
1 Zwiebel
1 EL Öl
50 ml Weißwein
750 l Gemüsebrühe
250 g grüne Erbsen (tiefgekühlt)
100 g Sahne
Salz, Cayennepfeffer
1 Prise Zucker
etwas frisch geriebene Muskatnuss
Minzezweige

- Für die Einlage die Kopfsalat- und Minzeblätter waschen, trockenschleudern und in möglichst feine Streifen schneiden.
- Die Zwiebel schälen und klein würfeln. Das Öl in einem Topf erhitzen und die Zwiebeln darin bei mittlerer Hitze glasig anschwitzen. Mit dem Weißwein ablöschen und einkochen, einreduzieren lassen. Dann die Brühe aufgießen und 15 Minuten leise köcheln lassen.
- Die Erbsen hinzufügen und 3 Minuten darin ziehen lassen. Die Sahne dazugießen und alles mit einem Stabmixer fein pürieren. Kopfsalat- und Minzestreifen dazugeben, das Ganze nochmals kurz erhitzen und mit Salz, Cayennepfeffer, Zucker und Muskat abschmecken.
- In vorgewärmten tiefen Tellern verteilen und je nach Vorliebe ein kleines Stück gebratenes Fischfilet oder Würfel von gekochtem Hinterschinken als Einlage hineingeben. Mit etwas frischer Minze garnieren.

Meine Empfehlung, Kräuter zu verarbeiten: nach dem Waschen und Trockenschütteln die Kräuter mit einem scharfen, schweren Messer schneiden – nicht hacken, wie es so oft heißt. Das zerstört nur das Aroma dieser feinwürzigen, empfindlichen Pflanzen.

KRÄUTERLASAGNE

FÜR 4 PERSONEN

Béchamelsauce

60 g Butter
60 g Mehl
1/2 l kalte Gemüsebrühe
1/2 l kalte Milch
1/2 kleine Zwiebel
1 Lorbeerblatt
2 Gewürznelken
Salz, Cayennepfeffer
etwas frisch geriebene Muskatnuss

Einlage

1/2 Zwiebel
350 g Brunnenkresse
150 g junge Brennnesseln
250 g Bärlauchblätter ohne Stiel
20 g Butter
Salz, schwarzer Pfeffer aus der Mühle
etwas frisch geriebene Muskatnuss

Fertigstellung

9 Lasagneblätter
8 dünne Scheiben Schinken (ca. 150 g)
120 g geriebener Emmentaler

Béchamelsauce

• Die Butter in einem Topf schmelzen, das Mehl darin einige Minuten anschwitzen und die kalte Brühe mit der Milch unter Rühren nach und nach hinzufügen.

• Die Zwiebel schälen, mit dem Lorbeerblatt auf der glatten Seite belegen und dieses mit den beiden Gewürznelken befestigen. Die gespickte Zwiebel in den Topf legen und das Ganze unter Rühren langsam zum Kochen bringen. 5 bis 10 Minuten leise köcheln lassen. Dann die Zwiebel herausnehmen und die Sauce mit Salz, Cayennepfeffer und Muskat würzen.

Einlage

• Die Zwiebel schälen und klein würfeln. Brunnenkresse und Brennnessel von den Stielen zupfen, zusammen mit den Bärlauchblättern waschen und trockenschleudern. Die Bärlauchblätter klein schneiden.

• Die Butter in einer großen Pfanne bei mittlerer Hitze schmelzen und die Zwiebelwürfel darin glasig anschwitzen. Die Kräuter hinzufügen und ebenfalls darin anschwitzen. Mit Salz, Pfeffer und Muskat würzen.

Fertigstellung

• Den Backofen auf 175 °C vorheizen.

• 3 vorgekochte Lasagneplatten in eine Auflaufform legen. Mit 1/3 der Béchamelsauce übergießen, die Hälfte der Kräuter darauf verteilen und mit der Hälfte der Schinkenscheiben belegen. Darauf wieder 3 Lasagneplatten legen, erneut Béchamelsauce, Kräuter und Schinken darauf verteilen und wiederum mit 3 Lasagneplatten belegen. Die übrige Béchamelsauce darauf verstreichen und mit dem Käse bestreuen.

• Die Lasagne für 50 Minuten im Backofen backen lassen. Herausnehmen und heiß servieren.

WALLER IN DER KRÄUTERKRUSTE MIT WIRSING

FÜR 4 PERSONEN

Gratiniermasse

125 g weiche Butter
1–2 TL scharfer Senf
60 g zerbröseltes frisches Weißbrot
1 EL frische Rosmarinnadeln, fein gehackt
1 EL glatte Petersilie, grob geschnitten
1 TL frisch geriebener Parmesan
1 kleine Knoblauchzehe
Salz, schwarzer Pfeffer aus der Mühle

Wirsing

1/2 Wirsingkopf
Salz
2 Schalotten
1 EL Öl
1 Birne
100 g Sahne
1–2 EL Sahnemeerrettich aus dem Glas
1 Prise Cayennepfeffer
etwas frisch geriebene Muskatnuss

Waller

500 g Wallerfilet, küchenfertig
Salz, schwarzer Pfeffer aus der Mühle
Olivenöl zum Anbraten

Gratiniermasse

• Die Butter schaumig rühren. Senf, Weißbrotbrösel, Kräuter, Parmesan und Knoblauch untermischen; mit Salz und Pfeffer würzen. Mit Hilfe von Backpapier zu einer ca. 3 cm dicken Rolle formen und kalt stellen.

Wirsing

• Den Wirsing putzen, den Strunk herausschneiden und die Blätter einzeln für einige Minuten in kochendes Salzwasser geben, herausheben, mit kaltem Wasser abschrecken und in einem Sieb abtropfen lassen; übriges Wasser mit den Händen ausdrücken. Die Blätter übereinander legen und in 1 bis 2 cm große Stücke schneiden.

• Schalotten schälen, halbieren und in dünne Stifte schneiden. Das Öl in einem Topf erhitzen, die Schalotten darin bei mittlerer Hitze glasig anschwitzen und dann den Wirsing hinzufügen.

• Die Birne schälen, vierteln, entkernen, in dünne Scheiben schneiden und unter den Wirsing geben. Dann die Sahne dazugießen und alles bei milder Hitze 2 bis 3 Minuten ziehen lassen. Mit dem Sahnemeerrettich, Salz, Cayennepfeffer und Muskat abschmecken.

Waller

• Die Grillfunktion des Backofens einschalten (ca. 290 °C).

• Das Wallerfilet in 8 gleich große Stücke schneiden, diese mit etwas Salz und Pfeffer würzen.

• Das Öl in einer Pfanne erhitzen und die Filets darin bei mittlerer Hitze kurz von beiden Seiten anbraten; herausheben und in eine feuerfeste, geölte Form einlegen.

• Die Gratiniermasse in dünne Scheiben aufschneiden, dachziegelartig auf die Fischfilets legen und unter dem Grill bei mittlerer Einschubleiste in 3 bis 4 Minuten gratinieren lassen.

Anrichten

• Je 2 Wallerfilets mit Wirsinggemüse auf vorgewärmten Tellern anrichten.

MÜNCHNER SCHNITZEL

FÜR 4 PERSONEN

4 Kalbsrückenscheiben, geputzt, von je ca. 140 g
Öl zum Plattieren
Salz, schwarzer Pfeffer aus der Mühle
200 g Weißwurstbrät
100 g doppelgriffiges Mehl zum Wenden
2 Eier
100 g Weißbrotbrösel
1 EL Sahne, leicht geschlagen
200 ml Öl zum Braten
1 kleines Stück Butter

- Die Kalbsrückenscheiben mit einem scharfen Messer über die Längsseite einschneiden, so dass sie an der einen Längsseite zusammenhalten, aber aufgeklappt werden können.
- Die aufgeklappten Fleischscheiben zwischen zwei Blatt geölte Klarsichtfolie legen und darin zu dünnen Schnitzeln klopfen; mit Salz und Pfeffer würzen. Das Weißwurstbrät auf einer Schnitzelhälfte verteilen, dabei aber nicht bis zum äußeren Rand verstreichen. Die Schnitzel zusammenklappen und an den Rändern fest andrücken.
- Mehl, Eier und Weißbrotbrösel getrennt voneinander in tiefe Teller verteilen; das Ei verquirlen, mit Salz und Pfeffer würzen und die Sahne unterheben. Die Schnitzel vorsichtig erst im Mehl wenden, anschließend durch die Eimischung ziehen und danach in den Semmelbröseln wenden.
- Das Öl in einer großen Pfanne erhitzen und die Schnitzel darin sofort bei milder Hitze auf beiden Seiten jeweils in 2 bis 3 Minuten langsam hell braten. Zum Schluss noch etwas Butter dazugeben und darin schmelzen lassen. Die Schnitzel herausnehmen, kurz auf Küchenkrepp abtropfen lassen und heiß servieren.
- Dazu passt lauwarmer Kartoffelsalat.

ZWIEBELROSTBRATEN

FÜR 4 PERSONEN

8 Scheiben abgehangenes Fleisch aus der Rinderhüfte von je ca. 80 g
Salz, schwarzer Pfeffer aus der Mühle
2 EL Öl
750 ml Geflügelbrühe
3 mittelgroße Zwiebeln
40 g Butter
1 TL Puderzucker
1 TL Tomatenmark
150 ml Rotwein
1 Prise getrockneter Majoran
20 g kalte Butter

- Die Fleischscheiben leicht plattieren, salzen und pfeffern.
- Das Öl in einer Pfanne erhitzen und das Fleisch darin von beiden Seiten kurz anbraten; dann herausnehmen und beiseite stellen. Das Bratfett abgießen und den Bratsatz mit der Brühe ablöschen.
- Die Zwiebeln schälen, halbieren und in feine Streifen schneiden. Die Butter in einer Schmorpfanne schmelzen lassen und die Zwiebeln darin zusammen mit dem Puderzucker bei mittlerer Hitze gleichmäßig hell bräunen. Das Tomatenmark hineinrühren, etwas darin anschwitzen lassen und mit dem Rotwein ablöschen.
- Die Flüssigkeit nahezu ganz einköcheln lassen und dann die Bratensatzbrühe aufgießen. Das Ganze aufkochen lassen, die Fleischscheiben einlegen und darin knapp unter dem Siedepunkt bei häufigem Beschöpfen in etwa 1 Stunde (je nach Reifegrad des Fleisches) weich schmoren. Nach 50 Minuten den Majoran hinzufügen.
- In der Sauce ein Stückchen Butter hineinschmelzen lassen und mit Salz und Pfeffer abschmecken.

BÖFFLAMOTT

FÜR 4 PERSONEN

Beize

1 EL Puderzucker
750 ml kräftiger Rotwein
1,5 kg flache Rinderschulter

Schmorbraten

100 g Knollensellerie
150 g Zwiebel
80 g Karotten
2 EL Öl
1 EL Tomatenmark
2 cl Cognac
1/2 l Geflügelbrühe
1/2 TL Pimentkörner
1/2 TL schwarze Pfefferkörner
2 Sternanis
1 cm Zimtstange
5 Wacholderbeeren
1 Lorbeerblatt
1 halbierte Knoblauchzehe
2 Scheiben Ingwer
1 Streifen Zitronenschale
1 Streifen Orangenschale
2 TL Puderzucker
50 ml Rotweinessig
40 g kalte Butterstückchen
Salz, Cayennepfeffer
1 Prise Zucker

Beize

• Den Puderzucker in einem Topf bei milder Hitze hell karamellisieren lassen; mit dem Rotwein ablöschen, einmal aufkochen und dann auskühlen lassen. Die Rindfleischschulter in ein passendes Gefäß geben und mit der Marinade bedecken. 3 bis 6 Tage an einem kühlen Ort beizen lassen.

Schmorbraten

• Das Gemüse schälen und grob würfeln. Das Fleischstück aus der Marinade nehmen und trockentupfen. Die Marinade in einem weiten Topf auf ein Drittel einköcheln lassen, dabei den aufsteigenden Schaum mit einer Schaumkelle abnehmen.

• Das Öl in einem Topf erhitzen und die Rinderschulter darin bei mittlerer Hitze von allen Seiten anbräunen; dann herausnehmen. Das Tomatenmark hineinrühren und kurz darin anschwitzen, mit dem Cognac ablöschen und mit der Beize und der Geflügelbrühe aufgießen. Anschließend das angebratene Fleischstück wieder einlegen und das vorbereitete Gemüse dazugeben. Bei geschlossenem Deckel etwa 3 bis 4 Stunden knapp unter dem Siedepunkt ziehen lassen, bis das Fleisch schön weich ist.

• 20 Minuten vor Garende Piment- und Pfefferkörner, Sternanis, Zimtstange, angedrückte Wacholderbeeren, Lorbeer, Knoblauch, Ingwer, Zitronenschale und Orangenschale einlegen.

• Das Fleisch aus der Schmorbrühe nehmen; die Sauce durch ein Sieb gießen, dabei das Gemüse etwas ausdrücken – die Sauce gegebenenfalls noch etwas einköcheln lassen.

• Den Puderzucker in einer Pfanne bei milder Hitze hell karamellisieren lassen, mit Essig ablöschen und sirupartig einköcheln lassen. Die Butter hineinrühren und mit der Essigreduktion, Salz, Cayennepfeffer und Zucker abschmecken.

• Das Böfflamott in Scheiben schneiden und mit der Sauce überziehen.

Tipp

Dieses Gericht leitet sich ab von dem klassischen französischen Boeuf à la mode, es wurde herkömmlich in Rotwein eingelegt. Regional verschieden wird das Fleisch auch in Weißwein mariniert.

KRUSTENBRATEN VOM WAMMERL

FÜR 4 PERSONEN
500 g Kalbsknochen
1,5–2 kg rohes, entbeintes Wammerl
Salz
2 EL Öl
700 ml Geflügelbrühe
1 kg kleinere, fest kochende Kartoffeln
300 g Schalotten
2 Karotten
200 g Knollensellerie
1 TL Puderzucker
125 ml Malzbier
1 TL Tomatenmark
2 Knoblauchzehen, in Scheiben
2 Scheiben frischer Ingwer
2 Lorbeerblätter
1/2 TL Kümmel, ganz
1/2 TL getrockneter Majoran
schwarzer Pfeffer aus der Mühle

- Den Backofen auf 200 °C vorheizen. Die gehackten Kalbsknochen auf einem Backblech verteilen und im vorgeheizten Ofen in etwa 1 Stunde rundherum anrösten. Aus dem Ofen nehmen und auf Küchenkrepp abtropfen lassen. Die Backofenhitze auf 150 °C reduzieren.
- Das Fleisch salzen. Das Öl in einem Bräter erhitzen und das Wammerl darin bei mittlerer Hitze auf der Fleischseite anbraten. Dann die Brühe dazugießen und das Wammerl mit der Hautseite nach unten hineinlegen – die Fettschicht sollte dabei ganz mit der Brühe bedeckt sein, anderenfalls noch etwas Brühe hinzufügen. Die gerösteten Knochen dazugeben und offen im Backofen 1 Stunde braten.
- Das Gemüse schälen und zerkleinern.
- Den Braten aus dem Ofen nehmen. Das Fleisch mit der Fettseite nach oben auf ein Brett legen und in die Schwarte Streifen im Abstand von etwa 1 bis 1,5 cm einschneiden.
- Die Brühe aus dem Bräter gießen und aufbewahren. Den Bräter auf dem Herd bei mittlerer Temperatur erhitzen, den Puderzucker einstäuben und hell karamellisieren lassen. Mit dem Malzbier ablöschen, das Tomatenmark dazugeben und sämig einkochen lassen. Dann das Gemüse hineinrühren und mit der aufgefangenen Bratbrühe übergießen.
- Das Fleisch mit der Schwarte nach oben auf das Gemüse setzen und in etwa 1 1/2 bis 2 Stunden fertig schmoren. Etwa 20 Minuten vor Garende Knoblauch, Ingwer, Lorbeer, Kümmel und Majoran dazugeben.
- Falls die Kruste nicht kross genug ist, zum Schluss die Oberhitze bzw. die Grillfunktion des Ofens zuschalten. Den Braten aus dem Ofen nehmen, Knoblauch, Ingwer und Lorbeer entfernen und den fertigen Braten in Scheiben schneiden. Das Gemüse und den Bratensaft mit Salz und Pfeffer abschmecken und zum Fleisch servieren.

TELLERFLEISCH MIT SAUREM KARTOFFELGEMÜSE

FÜR 4 PERSONEN

Tellerfleisch

1,2 kg Rinderbrustkern
Salz, schwarzer Pfeffer aus der Mühle
2 EL Öl
2 Zwiebeln
120 g Knollensellerie
1 Karotte
1 Petersilienwurzel
1 Lorbeerblatt
1 Knoblauchzehe
1/2 TL schwarze Pfefferkörner
3 Wacholderbeeren
1 mittelscharfe Chilischote
etwas frischer, geschälter Meerrettich
1 EL Schnittlauchröllchen

Saures Kartoffelgemüse

500 g kleine Kartoffeln
150 g Knollensellerie
2 kleine Karotten
450 ml Rinderbrühe (vom Tellerfleisch)
1 kleines Lorbeerblatt
1 Streifen Zitronenschale
1 Zweig Thymian
100 g Sauerrahm
1–2 EL Weißweinessig
Salz, schwarzer Pfeffer aus der Mühle
1 TL Zucker
1 EL Petersilie, frisch geschnitten

Tellerfleisch

- Den Rinderbrustkern salzen und pfeffern. Das Öl in einem breiteren Topf erhitzen und das Fleisch darin bei mittlerer Hitze von allen Seiten anbraten. Mit so viel Wasser auffüllen, dass das Fleisch gerade eben bedeckt ist. Bei geringer Hitze ca. 3 Stunden mehr ziehen als kochen lassen; den dabei aufsteigenden Schaum immer wieder abschöpfen.
- 1 Zwiebel ungeschält halbieren und die Schnittfläche in einer Pfanne ohne Fettzugabe dunkel bräunen. Sellerie, Karotte, Petersilienwurzel und die andere Zwiebel schälen und in nicht zu grobe Stücke schneiden. Das Gemüse und sämtliche Gewürze 30 Minuten vor Garende zum Fleisch dazugeben.

Saures Kartoffelgemüse

- Kartoffeln, Sellerie und Karotten waschen, schälen und in 2 bis 3 mm dicke Scheiben schneiden. Die Selleriescheiben dann in 1 1/2 bis 2 cm große Stücke schneiden.
- Die Brühe mit dem Lorbeerblatt zum Kochen bringen und das Gemüse darin ca. 20 Minuten so weich kochen, dass es gerade nicht zerfällt. Am Schluss Zitronenschale und Thymian einige Minuten darin ziehen lassen und dann gleich wieder herausnehmen. Das Gemüse herausheben und abtropfen lassen.
- 1/4 des Gemüses mit der sauren Sahne mit einem Stabmixer pürieren und zu dem restlichen Gemüse dazugeben. Mit Essig, Salz, Pfeffer und Zucker herzhaft abschmecken und mit der Petersilie bestreuen.

Anrichten

- Das Fleisch aus der Brühe heben, in Scheiben aufschneiden und mit dem sauren Kartoffelgemüse auf vorgewärmten Tellern anrichten. Frischen Meerrettich darüber reiben und mit dem Schnittlauch bestreut servieren.

GESURTE, GESCHMORTE RINDERBRUST

FÜR 4 PERSONEN
1,2 kg gepökelte Rinderbrust
2 EL Öl
1 Zwiebel + 500 g Zwiebeln
1 Lorbeerblatt
2 Gewürznelken
2 EL Butter
1 EL Puderzucker
50 ml roter Portwein
300 ml Rotwein
1 EL Tomatenmark
500 ml Geflügelbrühe
100 g getrocknete Aprikosen
1 EL gelbe Senfkörner
Salz
1 Prise Majoran
Pfeffer und Piment aus der Mühle
1 Streifen Zitronenschale
je 2 Scheiben Knoblauch und Ingwer
1 Zweig Thymian

• Die Rinderbrust waschen und trockentupfen. Das Öl in einer Pfanne erhitzen und die Rinderbrust darin von allen Seiten anbraten; dann in einen Topf legen und mit so viel Wasser auffüllen, dass das Fleisch gut bedeckt ist. Aufkochen lassen und dann die Hitze reduzieren, so dass das Fleisch zieht – nicht mehr kochen! 1 Zwiebel halbieren, mit 1 Lorbeerblatt belegen und dieses mit den beiden Gewürznelken befestigen; die gespickte Zwiebel dazugeben und etwa 1 Stunde mit dem Fleisch garen.
• Die anderen Zwiebeln schälen und in 1 1/2 cm große Scheiben schneiden. Die Butter in einer Pfanne erhitzen und die Zwiebeln darin langsam bräunen.
• Inzwischen den Puderzucker in einem breiten Topf hell karamellisieren lassen und dann mit dem Portwein und 1/3 des Rotweins ablöschen. Das Tomatenmark einrühren und alles miteinander sämig einkochen lassen. Den übrigen Rotwein auf 2 weitere Male hinzufügen und jeweils einkochen lassen. Dann die Brühe dazugießen.
• Das Fleisch aus der Kochflüssigkeit nehmen (die Flüssigkeit wegschütten) und zusammen mit den angebratenen Zwiebeln in die Rotwein-Geflügelbrühe legen. Bei geringer Hitze in weiteren 2 1/2 Stunden zugedeckt weich schmoren – das Fleisch ab und zu wenden.
• Die Aprikosen halbieren und nach 2 Stunden mit den Senfkörnern und dem Lorbeerblatt zum Schmorbraten dazugeben.
• Nach Garende mit Salz, Majoran, Pfeffer und Piment würzen. Zitronenschale, Knoblauch, Ingwer und Thymian einlegen, einige Minuten darin ziehen lassen und zusammen mit dem Lorbeerblatt wieder herausnehmen.

FRÜHJAHRSANFANG

Spiel mit dem Feuer

In vorchristlicher Zeit glaubte man, dass am 21. März, an dem Tag und Nacht gleich lang sind, die Welt entstanden sei. Folglich feierte man nicht nur den Frühlingsanfang, sondern begann im März auch das neue Jahr. Dass der Frühling früher so enthusiastisch begrüßt wurde, erklärt sich aus den Härten des Winters: Man war relativ hilflos gegen Kälte, Dunkelheit, Nahrungsmängel und Einsamkeit. Mit überschwänglicher Freude wurde der Winter symbolisch mit Feuer ausgetrieben. Brennende Karrenräder wurden von den Bergen ins Tal gerollt, im Dorf schlug man Funken, und durch die Felder trug man Fackeln. Beim fröhlichen Tanz signalisierten die Sprünge der jungen Männer, wie hoch das Korn im Sommer geraten würde.

Symbol des Winterausklangs: das Verbrennen einer Stroh- oder Holzpuppe.

DAMPFNUDELN MIT VANILLESAHNE

FÜR 4 PERSONEN

Teig

25 g Hefe
3 EL Zucker
250 ml Milch
500 g Mehl + Mehl zum Ausrollen
2 Eier
1 Prise Salz
80 g weiche Butter

Fertigstellung

250 ml Milch
1–2 EL Zucker
30 g Butter
30 g Butterschmalz

Vanillesahne

200 g Sahne
1 EL Zucker
Mark von 1 Vanilleschote

Dampfnudelteig

• Für den Vorteig die Hefe zusammen mit 2 Teelöffeln Zucker in 4 Esslöffel lauwarmer Milch (ca. 30 °C) auflösen.

• Das Mehl in eine Schüssel geben und in die Mitte eine kleine Mulde drücken. Die aufgelöste Hefe in die Mulde gießen und mit etwas Mehl von den Seiten zu einem zähflüssigen Teig verrühren. Die Schüssel mit Klarsichtfolie bedecken und zum Gehen lassen für 15 Minuten an einen warmen Ort stellen, bis das Dampferl (der Vorteig) blasig aufgegangen ist.

• Die Eier verquirlen, mit der restlichen Milch, Zucker und Salz in den Vorteig einrühren; dann die weiche Butter zufügen. In der Küchenmaschine oder mit einem Holzlöffel so lange kneten, bis ein glatter, elastischer Teig entstanden ist, der sich gut vom Schüsselrand löst. Zudecken und nochmals mindestens 45 Minuten an einem warmen Ort gehen lassen, bis sich das Teigvolumen verdoppelt hat.

• Dann den Teig mit den Händen auf einer leicht bemehlten Arbeitsfläche kräftig kneten und in 4 bis 5 cm dicke Rollen formen. Davon gleich große Stücke von ca. 5 cm abschneiden und ein jedes Stück zu einer glatten Kugel rollen.

Fertigstellung

• Milch und Zucker in einem großen, breiten Topf von ca. 30 cm Ø erwärmen, dann die Butter und das Butterschmalz darin schmelzen lassen – auf keinen Fall kochen! Den Topf vom Herd nehmen, die Teigkugeln mit der Nahtseite nach unten nebeneinander einlegen, den Topf mit einem Deckel verschließen und die Dampfnudeln weitere 20 Minuten darin gehen lassen.

• Inzwischen den Backofen auf 180 °C vorheizen. Die Dampfnudeln im Milch-Butter-Gemisch auf dem Herd leicht anbraten und dann, im geschlossenen Topf, im Backofen in 35 Minuten backen – den Topf während der Backzeit nicht öffnen, damit die Dampfnudeln schön luftig aufbacken können. Sollte die Kruste nicht dunkel genug sein, auf dem Herd nochmals etwas nachbräunen.

Vanillesahne

• Sahne, Zucker und Vanillemark sämig aufschlagen und gut gekühlt zu den heißen Dampfnudeln servieren. Wer möchte, kann die Sahne noch mit einem Schuss Rum verfeinern.

APRIL OSTERZEIT

Ei, Ei, Ei, alle Glocken fliegen nach Rom

Am Palmsonntag, der die Karwoche einleitet, wird des Einzugs von Jesus in Jerusalem gedacht, bei dem ihm die Juden mit Palmen zujubelten. In Bayern wird das beim Gottesdienst schon seit dem 7. Jahrhundert durch eine Palmprozession nachvollzogen. Statt seltener und teurer Palmen nimmt man meist Weidenkätzchen oder Buchsbaum, der einst hierzulande in allen Gärten zu finden war oder Hecken bildete. Sein Grün sollte Abergläubische vor Seuchen und Missernten oder mindestens Blitz und Hagel schützen, Christen ließen ihn wohl aus den gleichen Gründen weihen und hängten ihn drinnen als Zweige ans Kreuz und draußen als Busch an Stall und Scheune. In Berchtesgaden wird gleich ein ganzer Palmbaum geweiht.

Die seit 995 aus Augsburg bekannte mittelalterliche Sitte, Jesus für die Prozession auf einem Esel nachzubilden – ob königlich dargestellt wie in München oder schlicht und meist leidend wie in spröderen Städten –, überlebte nur in Kößlarn bei Passau. Obwohl der Gründonnerstag nicht nach der hoffnungsvollen Farbe heißt, sondern nach dem traurigen »Greinen« über das Leiden des Herrn, aß man an dem Tag Grünes: Grünkohl, Sieben- oder Neunkräutersuppen (aus Lauch, Löwenzahn, Petersilie, Salat, Sauerampfer, Schnittlauch und Spinat in der kleineren, bereichert um Sauerklee und Brennnessel in der reichhaltigeren Version), grüne Pfannkuchen oder Spinatkrapfen. In Schwaben erinnerten grün gefüllte Maultaschen an die Ohrfeigen, die Jesus vom Knecht des Hohepriesters erhielt. In Oberbayern säten die Bauern gern und gruben die Frauen ihre Gärten um – voller Hoffnung, dass alles bald grüne.

Symbole der Auferstehung und des Frühlings

Das für die Christen so freudige Ostern, das höchste und ursprünglich einzige christliche Fest, bietet auch eine Fülle weltlicher Freuden: Osterhase, Ostereier und Osterlamm, Osterfeuer, Osterritt und Osterwasser.

Den Osterhasen popularisierten das evangelische Bürgertum und protestantische Poeten, denn bei den katholischen Kirchenvätern war der possierliche Hase wegen seines aufreizend langen Liebeswerbens und seiner frappanten Fruchtbarkeit als Inbegriff der Sinnlichkeit unbeliebt. Vielleicht rührt es daher, dass einst in Oberbayern (wie in Österreich und Schleswig-Holstein) der Hahn und sogar das Osterlamm als Eierbringer galten – oder sogar die seit Gründonnerstag nicht mehr zu hörenden Kirchenglocken, die nach Rom fliegen, um Ostereier zu holen und sie auf dem Rückflug abwerfen. Ihr Geläut wurde derweil durch dumpfe hölzerne Klappern oder scheppernde Ratschen ersetzt.

Gegen die Eier hatte die katholische Kirche nichts – im Gegenteil: Sie waren Symbol der Auferstehung Jesu und der Hoffnung aller Christen, es ihm mal gleichtun zu können. Dabei bedeutete die Schale das Grab, aus dem ein lebendes Wesen hervorkam. Auch die Freude am Bemalen der Eier ist alt, sogar älter als das Christentum: Die Chinesen verzierten sie schon vor 5000 Jahren und verschenkten sie zum Frühlingsanfang. An China erinnert auch eine Sitte am Chiemsee: In ein ausgeblasenes Ei steckte man längs ein Holzstäbchen, um das

Links: Eigentlich ein heidnischer Brauch: bemalte Ostereier.
Rechts: Zu ihrer Kommunion machen die Mädchen dem Weißen Sonntag alle Ehre.

ein Zettelchen gewickelt war. Zog man es heraus, las man einen Osterglückwunsch oder einen Sinnspruch. In Europa werden Ostereier seit etwa 800 Jahren bemalt, zuerst nur rot, später immer phantasievoller. Seit dem 12. Jahrhundert werden Eier in der Kirche geweiht, oft zusammen mit Salz, Radi, Geräuchertem, Brot und Ostergebäck. Kinder erfreuten sich gern an Spielen mit gekochten Eiern. Beim Eiertitschen, dem sachten Gegeneinanderschlagen von zwei Eiern, siegt übrigens derjenige, dessen Ei von der jüngeren Henne gelegt wurde, denn die Schale ist umso poröser, je älter das Huhn ist.

Das Osterlamm hat als Opfertier tiefe christliche Bedeutung, bis hin zum »Lamm Gottes«, wie Jesus von Johannes dem Täufer genannt wurde, und als Festtagsbraten, den schon Jesus aß, eine lange Tradition. Auch das Ostergebäck hat seine symbolische Bedeutung: Runde Süßigkeiten assoziieren die Sonne, Zöpfe die Verflochtenheit von Gott und Gläubigen, Lämmer mit einem Osterfähnchen zwischen den Vorderpfoten den Auferstandenen.

Brauchtum aus den Bergen

Das Osterfeuer, heute zumeist ohne religiösen Bezug vor allem auf Bergen entfacht, schlug man einst vor der Kirche aus Stein und zündete daran eine imposante Osterkerze an, die als Symbol des auferstandenen Christus zum Altar getragen wurde und fortan die Gottesdienste feierlich illuminierte. Viele Gläubige entzündeten daran Windlichter für das häusliche Herdfeuer oder Kerzen für einen heimischen Ehrenplatz, meist den Herrgottswinkel. Auf ihren Osterritten trugen feierlich gekleidete Reiter auf festlich gezäumten Pferden die frohe Osterbotschaft in Feld und Flur hinaus, umrundeten auf ihren Prozessionen betend und singend Kirchen und Friedhöfe der Nachbarorte. Osterwasser, durch die urchristliche Taufzeremonie von besonderer Bedeutung, wurde gern heilsame und segensreiche Kraft zugesprochen. Wahre Wunderkraft sollte es haben, wenn die Maderln das Quell- oder Bachwasser schweigend heimbrachten – doch die Wirkung torpedierten unterwegs die Burschen, indem sie die Frauen zum Lachen oder Plappern brachten. Am Sonntag nach dem Fest, der kirchlich zur Osterzeit zählt, trugen in frühchristlicher Zeit die Täuflinge zum letzten Mal ihr weißes Kleid. Daran erinnert sein Name: »Weißer Sonntag«. Seit 1661 ist er in München, seit Mitte des 19. Jahrhunderts im ganzen katholischen Deutschland der Tag der feierlichen Erstkommunion. Die Mädchen bewahren dabei die Tradition des weißen Kleids, die Buben bekommen zumeist ihren ersten dunklen Anzug. Und so geht man festlich zur Feier ins Wirtshaus.

Mit Palmbesen oder Buchs werden am Palmsonntag die Osterfeierlichkeiten begangen.

KLARE KRÄUTERSUPPE MIT SAIBLINGSNOCKERL

FÜR 4 PERSONEN

Suppe

300 g Saiblingskarkassen
2 Zwiebeln
1/2 Fenchelknolle
1 Stange Bleichsellerie
1 kleine Karotte
1–2 EL Olivenöl
1/2–1 TL Puderzucker
150 ml Weißwein
6 cl Noilly Prat (Wermut)
1 1/2 l Gemüsebrühe
1 Lorbeerblatt
1/2 TL Pimentkörner
1 TL Pfefferkörner
1 EL getrocknete Champignons
1 Zweig Estragon
2 Zweige Petersilie
1 Streifen Zitronenschale
je 1 Scheibe Knoblauch und Ingwer
Cayennepfeffer
Salz

Saiblingsnockerl

150 g eiskaltes Saiblingsfilet, ohne Haut und Gräten
Salz
1/2 TL scharfer Senf
1 Prise Cayennepfeffer
etwas frisch geriebene Muskatnuss
150 g eiskalte, aber flüssige Sahne

Anrichten

1–2 EL frisch geschnittene Kräuter, z. B. Bärlauch, Kerbel, Petersilie, Schnittlauch
etwas frisch geriebene Muskatnuss

Suppe

• Die Fischkarkassen grob zerkleinern und in kaltem Wasser mindestens 2 Stunden wässern, dabei das Wasser immer wieder auswechseln, bis es klar bleibt. Abgießen und die Karkassen abtropfen lassen. Inzwischen das Gemüse putzen, waschen und klein schneiden.

• Das Öl in einem breiten Topf erhitzen und die abgetropften Karkassen bei mittlerer Hitze einige Minuten anschwitzen, ohne dass sie Farbe annehmen.

• Das Gemüse hinzufügen, kurz mit anschwitzen, mit dem Puderzucker bestäuben und mit Weißwein und Noilly Prat ablöschen. Die Flüssigkeit sirupartig einkochen lassen und mit der Gemüsebrühe auffüllen, so dass die Fischkarkassen und das Gemüse gut bedeckt sind.

• Lorbeerblatt, Piment- und Pfefferkörner und Champignons dazugeben und bei milder Hitze 20 Minuten mehr ziehen als köcheln lassen. Den Sud anschließend vorsichtig durch ein feines Sieb abgießen.

• Den Estragonzweig und einige Petersilienzweige mit der Zitronenschale, Knoblauch und Ingwer in die Suppe einlegen, mit Cayennepfeffer würzen und das Ganze einige Minuten ziehen lassen. Alle ganzen Gewürze wieder entfernen und die Suppe gegebenenfalls noch etwas salzen.

Saiblingsnockerl

• Das Fischfilet in Würfel schneiden, salzen und für 5 Minuten ins Gefrierfach geben. Die Fischstücke in eine hochtourige Küchenmaschine legen, Senf, Cayennepfeffer und Muskat hinzufügen und kurz mixen, so dass eine Bindung entsteht.

• Dann nach und nach unter weiterem Mixen die Sahne dazugießen – darauf achten, dass sie vollständig vom Fischfleisch aufgenommen ist, bevor die nächste Sahneportion zugefügt wird. Die Farce ist fertig, sobald sie glatt und glänzend ist.

• Aus der Fischfarce mit zwei nassen Teelöffeln kleine Nockerl formen und in gesalzenem Wasser bei etwa 80 °C ungefähr 8 Minuten ziehen lassen.

Anrichten

• Die frisch geschnittenen Kräuter in vier Suppenteller verteilen und mit einem Hauch Muskat würzen. Die Suppe darüber verteilen und die Nockerl hineinlegen.

EINGELEGTES GEMÜSE MIT GEDÄMPFTER LACHSFORELLE

FÜR 4 PERSONEN

Gemüse

je 1 rote und gelbe Paprikaschote
etwas Olivenöl + ca. 100 ml mildes Olivenöl zum Beträufeln
1–2 kleine Fenchelknollen
1/2–1 kleine Zucchini
2 kleinere Karotten
Salz, schwarzer Pfeffer aus der Mühle
3 kleine Thymianzweige

Fisch

etwas flüssige Butter zum Bestreichen des Dämpfeinsatzes
8 Lachsforellenfilets, à 60 g, ohne Haut
Salz

Gemüse

- Die Paprikaschoten waschen und vierteln; Strunk, Kerne und weiße Trennwände entfernen; die Schalenseite mit Öl bepinseln und unter dem vorgeheizten Grill oder im Backofen mit Grillstufe so lange garen, bis die Haut dunkle Blasen wirft. Dann herausnehmen, etwas abkühlen lassen, die Haut abziehen und die Schoten in nicht zu kleine Stücke teilen.
- Fenchel und Zucchini putzen, waschen und in 3 mm dicke Scheiben schneiden. Die Karotten schälen, in dünne Scheiben schneiden, kurz in kochendes Salzwasser geben, herausnehmen, mit kaltem Wasser abschrecken und in einem Sieb abtropfen lassen.
- Etwas Olivenöl in einer Pfanne erhitzen und die Fenchel- und Zucchinischeiben nacheinander bei milder Hitze fast farblos anbraten. Zum Schluss mit Salz und Pfeffer würzen und die Thymianzweige hinzufügen. Das restliche Olivenöl darüber träufeln.

Fisch

- In einem Topf mit Siebeinsatz etwas Wasser zum Kochen bringen, den Dämpfeinsatz mit Butter bestreichen, in den Topf setzen und den Deckel auflegen. Die Lachsforellenfilets salzen, auf den Dämpfeinsatz legen und den Topf mit dem Deckel verschließen. Etwa 1/2 Minute dämpfen lassen, dann den Topf vom Herd ziehen und in der Nachhitze in 2 bis 3 Minuten glasig durchgaren lassen.

Anrichten

- Das Gemüse auf flachen Tellern verteilen und die Lachsforellenfilets darauf anrichten.

WALPURGISNACHT

Wilde Hexen und Tanz in den Mai

Die Nacht zum 1. Mai hat viel von Silvester: nicht nur den Lärm, der die Hexen und Dämonen vertreiben soll, sondern auch den Tanz, das Essen und Trinken – Winter ade! Durch Glockengeläut und Peitschenknallen, aber auch mit Maifeuern, christlichen Kreuzen am Haus, geweihtem Salz auf der Türschwelle sowie Maibüschen oder Kreuzdornzweigen werden Haus und Hof sowie die Felder gegen die Wintergeister und gegen die Folgen der wilden Feiern von Hexen und Teufeln in den Höhlen des Blocksbergs geschützt. Die wilde Nacht vor dem Tag der Arbeit heißt nach der hl. Waldburga, die über Jahrhunderte am 1. Mai verehrt wurde (heute ist der 25. Februar ihr offizieller Gedenktag). In manchen Dörfern soll diese »Freinacht« allerlei Übermut rechtfertigen, der vornehmlich von jungen Burschen ersonnen wird: vom Aushängen der Gartentüren bis zum Verstecken all dessen, was nicht niet- und nagelfest ist.

FRÜHLINGSSALAT MIT WACHTELEIERN UND CROÛTONS

FÜR 4 PERSONEN

Dressing

125 ml Gemüsebrühe
2–3 EL Rotweinessig
1 Scheibe Knoblauch
1 TL scharfer Senf
6 EL mildes Olivenöl
Salz, schwarzer Pfeffer aus der Mühle
je 1 Prise Zucker und Cayennepfeffer

Salat

350 g gemischter Salat (grüner und roter Kopfsalat, Löwenzahnsalat, junger Spinat)
1 Bund gemischte Frühlingskräuter (Brunnenkresse, Kerbel, Sauerampfer, Schnittlauch)
1 Bund Frühlingszwiebeln
1 Bund Minikarotten
100 g Erbsenschoten
100 g Thaispargel
Salz
10 Wachteleier

Croûtons

2 Scheiben Toastbrot
50 g Butter
1 Knoblauchzehe in der Schale
Salz

Anrichten

Kräuterblätter zum Garnieren

Dressing

• Gemüsebrühe, Essig, Knoblauch und Senf mit einem Stabmixer pürieren, dabei das Öl nach und nach dazugießen. Mit Salz, Pfeffer, Zucker und Cayennepfeffer kräftig würzen.

Salat

• Die Salatblätter putzen, waschen, trockenschleudern und klein zupfen. Die Kräuter waschen, trockenschütteln und die Blättchen von den Stielen zupfen, den Schnittlauch in Röllchen schneiden.

• Das Gemüse waschen. Die Lauchzwiebeln putzen, das Grün weitgehend entfernen; von den Karotten das Grün bis auf 1 cm abtrennen, von den Erbsenschoten die Enden abschneiden und schräg halbieren, den Thaispargel quer halbieren. Die Gemüse nacheinander kurz in reichlich kochendem Salzwasser bissfest garen, herausheben, mit kaltem Wasser abschrecken und abtropfen lassen. Von den Karotten mit Hilfe eines Tuches die Haut abziehen.

• Die Wachteleier 2 1/2 Minuten in kochendem Wasser garen, kalt abschrecken, pellen und halbieren.

Croûtons

• Die Toastbrotscheiben entrinden und in Würfel schneiden. Die Butter in einer Pfanne aufschäumen lassen, die Knoblauchzehe einlegen und die Weißbrotwürfel darin bei milder Hitze unter ständigem Rühren gleichmäßig hell bräunen; herausheben, auf Küchenkrepp abtropfen lassen, die Knoblauchzehe entfernen und die Croûtons leicht salzen.

Anrichten

• Salat, Kräuter und Gemüse mit dem Dressing marinieren, mit Salz, Pfeffer und Zucker abschmecken, auf flachen Tellern anrichten und die Wachteleier darauf verteilen. Mit einigen Kräuterblättern garnieren und mit den Croûtons bestreuen.

GESCHMORTE LAMMKEULE MIT BOHNENGEMÜSE

FÜR 4 PERSONEN

Lammkeule

2 Zwiebeln
150 g Knollensellerie
2 kleinere Karotten
1/2 Fenchelknolle
1 Lammkeule, ca. 1,5 kg, entbeint
Salz
4 EL Öl
1–2 TL Puderzucker
300 ml Rotwein
1 EL Tomatenmark
1 l Geflügelbrühe
1 frisches Lorbeerblatt
je 2 Scheiben Knoblauch und Ingwer
1 Zweig Rosmarin
1 Streifen Zitronenschale
1 Prise Cayennepfeffer

Bohnengemüse

300 g große weiße Limabohnen aus der Dose
300 g rote Kidneybohnen aus der Dose
200 g breite Bohnen
Salz
200 ml Gemüsebrühe
je 1 Scheibe Knoblauch und Ingwer
1 Streifen Zitronenschale
20 g Butter
schwarzer Pfeffer aus der Mühle
1 EL frisch geschnittener Dill

Braten

- Den Backofen auf 160 °C vorheizen.
- Das Gemüse schälen, die Zwiebeln in Spalten, Karotten und Sellerie in 1 cm breite und 3 cm lange Balken, den Fenchel in schmale Spalten schneiden. Die Lammkeule salzen.
- 2 Esslöffel Öl in einem Schmortopf oder Bräter erhitzen und die Lammkeule darin von allen Seiten anbraten. Das Fleisch herausnehmen und das Bratöl entfernen.
- Den Puderzucker auf den Bratsatz stäuben und bei milder Hitze hell karamellisieren lassen. Mit 1/3 des Rotweins ablöschen, das Tomatenmark einrühren und alles miteinander bei milder Hitze sämig einkochen lassen. Den übrigen Rotwein auf 2 weitere Male zufügen und ebenfalls einkochen lassen. Die Brühe dazugießen, das Gemüse hinzufügen, die Lammkeule wieder einlegen und im Ofen zugedeckt in etwa 3 1/2 Stunden gar schmoren – das Fleisch immer wieder mit Bratensaft übergießen.
- Das Lamm aus dem Topf nehmen. Die Sauce noch etwas einkochen lassen und gegebenenfalls mit ein wenig in kaltem Wasser angerührter Speisestärke binden. Lorbeer, Knoblauch, Ingwer, Rosmarin und Zitronenschale einige Minuten darin ziehen lassen und wieder entfernen. Mit Salz und Cayennepfeffer abschmecken.

Bohnengemüse

- Die Bohnen in einem Sieb unter fließend kaltem Wasser abbrausen und abtropfen lassen.
- Die breiten Bohnen in 1 bis 2 cm lange Stücke schneiden, kurz in kochendes Salzwasser geben, herausheben, mit kaltem Wasser abschrecken und in einem Sieb abtropfen lassen.
- Die Brühe in einem kleinen Topf mit allen Bohnensorten, Knoblauch, Ingwer und Zitronenschale erhitzen. Die Butter hineingeben und schmelzen lassen, mit Salz und Pfeffer würzen und den Dill hinzufügen.

Anrichten

- Die Lammkeule in Scheiben aufschneiden und auf vorgewärmten Tellern anrichten. Das Bohnengemüse seitlich anlegen und mit der Lammsauce umgießen.

SEMMELRAHMSTRUDEL MIT HIMBEERSAHNE

FÜR EINEN STRUDEL

Strudel

2 Äpfel
200 g Toastbrot
1 Vanilleschote
180 ml Milch
60 g weiche Butter
60 g Puderzucker
3 Eigelbe
70 g Quark
60 g Sauerrahm
1/2 TL abgeriebene Zitronenschale
40 g Rumrosinen
3 Eiweiß
30 g Zucker
1 Prise Salz
2 EL brauner Rum
2 Strudelblätter
etwas flüssige Butter
Puderzucker

Guss

250 ml Milch
70 g Zucker
2 kleine Eier

Himbeersahne

150 g Himbeeren (tiefgekühlt)
20 g Zucker
150 g Sahne
1 EL Puderzucker
einige Tropfen Zitronensaft

Strudel

- Die Äpfel schälen, entkernen und in ca. 1 cm große Würfel schneiden.
- Das Toastbrot entrinden, würfeln und in eine Schüssel geben. Die Vanilleschote längs aufschlitzen, das Mark auskratzen und beiseite stellen. Die Milch mit der Schote aufkochen, über die Brotwürfel gießen, 5 Minuten ziehen lassen und dann die Schote herausnehmen.
- Butter und Puderzucker schaumig schlagen, dabei nach und nach die Eigelbe zugeben. Quark und Sauerrahm glatt verrühren und unter die Buttermasse mischen. Vanillemark, Zitronenschale und Rumrosinen unterziehen.
- Eiweiß, Zucker und Salzprise zu einem festen, aber cremigen Schnee schlagen. Den Backofen auf 180 °C vorheizen.
- Das eingeweichte Weißbrot, die Apfelwürfel und den Rum unter die Buttermasse mischen, dann vorsichtig den Schnee unterziehen.
- Die Strudelblätter nebeneinander auf einem bemehlten Küchentuch ausbreiten, die Nahtstelle fest zusammendrücken und die gesamte Fläche mit flüssiger Butter bestreichen. An der Längsseite die Apfelfüllung verteilen, die Seiten etwas einschlagen und den Strudel mit Hilfe des Tuches aufrollen. Mit der Nahtseite nach unten in eine gebutterte Auflaufform legen.

Guss

- Milch, Zucker und Eier miteinander verquirlen und über den Strudel gießen. Den Strudel im Backofen 40 Minuten goldbraun backen. Nach 35 Minuten den Strudel mit flüssiger Butter bestreichen und mit Puderzucker bestäuben – zum Karamellisieren die letzten 5 Minuten in den Ofen schieben.

Himbeersahne

- Die Himbeeren mit dem Zucker bestreuen und auftauen lassen; dann mit einem Stabmixer pürieren und durch ein Sieb streichen.
- Die Sahne mit dem Puderzucker cremig aufschlagen und das Himbeermark unterziehen. Mit Puderzucker und Zitronensaft abschmecken. Die Himbeersahne zum fertigen warmen Strudel anrichten.

OSTERBROT

FÜR EIN OSTERBROT
30 g Orangeat
3 EL Rum
80 g Rosinen
250 g Mehl
75 ml Milch
20 g Hefe (1/2 Würfel)
3 Eigelbe
20 g Zucker
Mark von 1/2 Vanilleschote
1 Msp. abgeriebene Zitronenschale
Salz
75 g weiche Butter
etwas Mehl zum Verarbeiten
flüssige Butter zum Bestreichen
80 g Aprikosenmarmelade
2 EL Wasser
50 g Puderzucker, gesiebt
1–2 EL Wasser

• Das Orangeat mit 1 Teelöffel Rum übergießen und fein hacken, die Rosinen in den übrigen Rum einlegen.

• Das Mehl in eine Schüssel füllen und in die Mitte eine Mulde drücken. Die Milch leicht erwärmen (auf 30 °C), die Hefe darin auflösen. Die Flüssigkeit in die Mehlmulde gießen und mit etwas Mehl vom Rand her zu einem zähflüssigen Vorteig verrühren; diesen mit etwas Mehl bestäuben und zugedeckt an einem warmen Ort etwa 15 Minuten gehen lassen, bis sich an der Mehloberfläche Risse zeigen.

• Inzwischen Eigelbe, Zucker, Vanille, Salz und Zitronenabrieb hellschaumig aufschlagen. Die Butter ebenfalls schaumig aufschlagen. Den Eigelbschaum mit dem reifen Vorteig und dem übrigen Mehl kurz mischen, dann die schaumige Butter hineingeben und zu einem glatten, geschmeidigen Teig verkneten. Die abgetropften Rumrosinen mit dem Orangeat in den Hefeteig kneten und zugedeckt etwa 20 Minuten aufgehen lassen. Den Backofen auf 170 °C vorheizen.

• Den Teig mit wenig Mehl zu einem runden Laib kneten und mit der Nahtseite nach unten auf ein mit Backpapier belegtes Backblech setzen. Die Oberfläche mit Butter bestreichen, rautenförmig einritzen, mit einem Tuch bedecken und an einem warmen Ort erneut 20 bis 30 Minuten gehen lassen. Den Brotlaib im Ofen in 30 bis 40 Minuten hell backen und dann auskühlen lassen.

• Die Aprikosenmarmelade mit dem Wasser aufkochen, mixen und das Osterbrot damit bestreichen. Puderzucker mit Wasser und Zitronensaft glatt rühren und das Gebäck damit glasieren.

GEORGIRITT

Festliche Pferde, wirbelnde Schwerter

Zum sehenswertesten Osterritt in ganz Bayern – die Kirche feiert den 23. April im Gedenken an den Drachentöter Georg – formieren sich jedes Jahr etwa 400 festlich herausgeputzte Pferde, Schwerttänzer in Landsknechtskostümen, Fanfarenbläser, Trommler und Pfeifer am Ostermontag auf dem Stadtplatz in Traunstein. Auf der farbenprächtigen Pferdewallfahrt hinauf zur Kirche in Ettendorf gedenken sie mit ihrem »Georgiritt« des hl. Georg, einem der Schutzheiligen der Reiter und Pferde (und Schirmherrn der Pfadfinder). Den seit dem 18. Jahrhundert stattfindenden Zug umrahmen um 9.30 und 14 Uhr auf dem Stadtplatz 16 als Landsknechte verkleidete Handwerksgesellen mit dem traditionellen Schwertertanz. Er erinnert an das heidnische Ritual der Austreibung des Winters durch den Frühling.

Nach den Segnungen der Kirche folgt im Dorf der traditionelle Schwertertanz.

TELLERSÜLZE VOM RHABARBER MIT SAUERRAHMMOUSSE

FÜR 4 PERSONEN

Sauerrahmmousse

150 g Sauerrahm
100 g Crème fraîche
50 g Puderzucker
3 Blatt Gelatine
Saft von 1 Zitrone
1 Msp. abgeriebene Zitronenschale
130 g Sahne
2 Eiweiß
20 g Zucker

Mandelblätter

60 g Zucker
1 Eiweiß (von einem großen Ei)
30 g Mehl
1 Msp. Vanillemark
30 g flüssige warme Butter
25 g Mandelblättchen
weiche Butter und Mehl für das Blech

Rhabarber

500 g Rhabarber
100 g Zucker
1 EL Puderzucker
125 ml Weißwein
125 ml Orangensaft
1 Streifen Orangenschale
1/2 Zimtstange
2 Scheiben Ingwer
1/2 aufgeschlitzte Vanilleschote
1–2 TL Zitronensaft
1 1/2 Blatt Gelatine
1 EL Orangenlikör (z. B. Grand Marnier)

Sauerrahmmousse

- Sauerrahm, Crème fraîche und Puderzucker glatt verrühren. Die Gelatine in wenig kaltem Wasser einweichen. Den Zitronensaft erwärmen (nicht kochen!), die Gelatine gut ausdrücken, im Zitronensaft auflösen und die Sauerrahmmasse einrühren. Die abgeriebene Zitronenschale untermischen.
- Die Sahne halbsteif schlagen. Eiweiß und Zucker zu einem cremigen, aber festen Schnee schlagen und beides locker unter die Sauerrahmmasse heben.
- Die Masse in kleine Portionsförmchen füllen und im Kühlschrank zugedeckt in 1 bis 2 Stunden fest werden lassen.

Mandelblätter

- Zucker, Eiweiß, Mehl, Vanille und die flüssige warme Butter zu einer glatten Masse verrühren. Zum Schluss die Mandeln hineinrühren. Die Masse etwa 1/2 Stunde ruhen lassen. Den Backofen auf 165 °C vorheizen.
- Ein Backblech mit der weichen Butter dünn bestreichen und dem Mehl fein bestäuben. Von der Mandelmasse (Hippenmasse) mit Hilfe einer Palette entweder rechteckige Blätter oder aber Formen (kann man aus dem Plastik von Eisdosendeckeln ausschneiden) damit dünn ausstreichen.
- Die Masse im Ofen in ca. 10 Minuten hellbraun backen. Hippen, die schon gebräunt sind, können mit einer Palette herausgehoben und geformt werden.

Rhabarber

- Die Rhabarberstangen putzen und waschen. Schräg in ca. 1 cm breite Stücke schneiden, auf dem Boden einer Auflaufform verteilen und mit dem Zucker bestreuen. Den Backofen auf 180 °C vorheizen.
- Den Puderzucker in einer Pfanne hell karamellisieren lassen; mit dem Weißwein und Orangensaft ablöschen. Dann Orangenschale, Zimtstange, Ingwer und Vanille zufügen und die Flüssigkeit mit den Gewürzen über dem Rhabarber verteilen. Im Ofen in 20 bis 30 Minuten bissfest schmoren, danach etwas auskühlen lassen. Den dabei entstandenen Rhabarbersud durch ein Sieb gießen. 200 ml davon abnehmen, bei Bedarf mit Zucker und Zitronensaft abschmecken. Die Rhabarberstücke in tiefen Tellern verteilen.
- Die Gelatine in kaltem Wasser einweichen, ausdrücken und im warmen Rhabarbersud auflösen. Mit dem Orangenlikör und mit Zitronensaft und Puderzucker abschmecken. Über dem Rhabarber verteilen und im Kühlschrank gelieren lassen.

Anrichten

- Kurz vor dem Servieren die Teller bis zum Rand kurz in fast kochendes Wasser tauchen, herausheben und die Rhabarbermasse herausstürzen; portionsweise anrichten und mit 1 Nocke Sauerrahmmousse und Mandelblatt servieren.

MAI – MAIBAUM AUFSTELLEN

»Manna, packt's o! Mitanand! Hou ruck!«

Hoch soll es sein, dieses Symbol für Kraft, Lebensfreude und Heiterkeit, vor allem höher als in den Nachbardörfern. Aber wer misst schon die Maibäume nach im Land des Leben-und-leben-Lassens? Es genügt ja, wenn Bayern den größten hat: Das 50,5 Meter hohe Prachtstück in Eicherloh kann man zwar weder von München noch von dessen Flughafen aus sehen, aber es steht nicht nur genau dazwischen, sondern auch seit 2005 im »Guinness Buch der Rekorde«.

Die älteste bildliche Darstellung eines typischen bayerischen Figurenmaibaums ist im Antiquarium der Münchner Residenz auf dem Fresko »Starnberg mit der Burg« von Hans Donauer aus dem Jahr 1585 zu sehen. Die Vorgeschichte ist undeutlicher. Bei den alten Germanen sollte der Maibaum als Bollwerk gegen böse Geister hervorstechen. Nach dem 30-jährigen Krieg stellten Soldaten am 1. Mai Ehrenbäume für Offiziere, Fürsten oder hohe Amtspersonen auf, die mit Maibier und anderen Vergünstigungen dankten. Ende des 18. Jahrhunderts sahen die frei gewordenen Gemeinden in ihm auch ein Symbol ihrer Selbstständigkeit innerhalb des bayerischen Staatsgebildes.

Heute steht er vor allem für Lebensfreude – alles neu macht der allseits als Wonnemonat bekannte Mai. Und in diesem Monat treibt ja auch die Fichte aus und verheißt die Ankunft des Lichtes, der Wärme und der Fruchtbarkeit. In Oberbayern ist der Baum bis auf seinen grünen Wipfel entästet, entrindet und von unten links nach oben rechts mit einer weißblauen Spirale bemalt. Den Wipfel schmücken bunte Bänder, am Stamm hängen ein oder mehrere Kränze. Handgeschnitzte Figuren (wie Tanzpaare), Kirchen oder Häuser und Taferl mit den Zunftzeichen der verschiedenen ortsansässigen Handwerker putzen ihn zum farbenprächtigen Postkartenmotiv heraus.

Reine Männersache

Trotz aller Vorschriften, dass der Baum – wie im Stadtgebiet Münchens wegen der Unfallgefahr – per Kran aufgestellt werden muss, bleibt es Ehrensache, dass er nur mit Manneskraft und hölzernen Stangen (»Schwaibeln«) in die Vertikale gestemmt wird. Zumeist ermuntert der Bürgermeister seine fröhliche Gemeinde und segnet der Pfarrer den Baum, ehe der »Maibaumchef« loskommandiert: »Manna, packt's o! Mitanand! Hou ruck!« Sobald er senkrecht steht, spielt die Musik zum Maitanz auf, und es wird in jedem Wirtshaus feuchtfröhlich. Zur Gaudi dieses Brauchtums gehört, dass die Burschen der Nachbargemeinden versuchen, den Maibaum während der Vorbereitungen zu klauen – ohne dabei Gewalt anzuwenden. Gelingt es, lösen ihn die »Bedepperten« (das sind die, die das Nachsehen hatten) unter großem Hollodrio mit Freibier und Brotzeit wieder aus.

MUTTERTAG

Nur am zweiten Sonntag im Mai?

Das freut ein jedes Mutterherz.

Er klingt zwar gut deutsch, ist aber eine Übernahme des »american way of life«. Der Muttertag wurde 1908 auf Anregung von Anna Jarvis erstmals offiziell in Philadelphia gefeiert. 1914 rief US-Präsident Wilson dazu auf, den zweiten Sonntag im Mai landesweit »als öffentlichen Ausdruck für die Liebe und die Dankbarkeit zu feiern, die wir den Müttern unseres Landes entgegenbringen«. Seit 1933 feiert auch Deutschland mit. Laden in den USA die Töchter ihre Mütter zu Banketten ein, dürfen hierzulande auch die Söhne vom Frühstück am Bett bis zur Abendessenseinladung ihre Dankbarkeit bekunden – wie schön für die Mutter, wenn es sich nicht erst in 365 Tagen wiederholt …

AUFGESCHMOLZENE MAIBOCKSUPPE

FÜR 4 PERSONEN

Suppe

500 g Zwiebeln
20 g Butter
1 EL Öl
100 ml Maibock (Starkbier)
1 l klare Rindersuppe
2 Lorbeerblätter
1 Streifen Zitronenschale
1 Scheibe Knoblauch
1 Prise Majoran
Salz, Cayennepfeffer

Einlage

4–8 sehr dünne Scheiben Bauernbrot (ca. 140 g), vom Vortag
40 g Butter
Salz
2 EL glatte Petersilie, grob geschnitten

Suppe

- Die Zwiebeln schälen, halbieren und in möglichst dünne Scheiben schneiden.
- Butter und Öl in einem breiten, hohen Topf erhitzen und die Zwiebeln darin bei mittlerer Hitze langsam bräunen. Mit dem Bier ablöschen, die Flüssigkeit einkochen lassen und dann die Rindersuppe aufgießen. Lorbeer, Zitronenschale und den Knoblauch einlegen und die Suppe zugedeckt bei milder Hitze 6 bis 8 Minuten knapp unter dem Siedepunkt ziehen lassen. Mit Majoran, Salz und Cayennepfeffer herzhaft abschmecken. Zum Schluss die ganzen Gewürze wieder entfernen.

Einlage

- Inzwischen die Brotscheiben in 4 bis 5 cm große Stücke schneiden.
- Die Butter in einer Pfanne schmelzen lassen und die Brotstücke darin bei milder Hitze von beiden Seiten kross braten. Herausheben, auf Küchenkrepp abtropfen lassen und leicht salzen.

Anrichten

- Die Suppe in heiße Tassen oder Teller gießen, mit der Petersilie bestreuen und mit den Bauernbrotscheiben servieren. Je nach Geschmack kann man die Bauernbrotscheiben zuerst in den Suppenteller legen und dann mit der heißen Suppe begießen oder die Brotscheiben erst ganz am Schluss auf die Suppe legen, damit sie schön kross bleiben.

SPARGELSUPPE MIT SAUERKLEE

FÜR 4 PERSONEN

200 g weißer Spargel
200 g grüner Spargel
1 l Gemüsebrühe
80 g Sahne
1 Streifen Zitronenschale
20 g kalte Butter
Salz, Cayennepfeffer
etwas frisch geriebene Muskatnuss
einige Tropfen Zitronensaft
einige Blätter frischer Glücks- oder Waldsauerklee

- Den weißen Spargel schälen, den grünen nur im unteren Drittel; von beiden Sorten die holzigen Enden abschneiden.
- Die Brühe aufkochen, die Spargelschalen einlegen und 20 Minuten knapp unter dem Siedepunkt ziehen lassen. Durch ein Sieb in einen Topf abgießen und die Schalen mit dem Rücken einer Schöpfkelle gut ausdrücken.
- Den Spargel schräg in knapp 1/2 cm dünne Scheiben schneiden und im Spargelsud in 5 bis 10 Minuten knapp unter dem Siedepunkt bissfest ziehen lassen. Den Sud erneut durch ein Sieb in einen Topf abgießen und die Spargelscheiben warm stellen.
- Die Sahne zur Brühe gießen und erneut erhitzen. Knapp unter dem Siedepunkt den Topf vom Herd nehmen, die Zitronenschale einlegen und nach einigen Minuten wieder entfernen. Die Butter mit einem Stabmixer hineinrühren und die Suppe mit Salz, Cayennepfeffer, Muskat und einigen Tropfen Zitronensaft abschmecken.
- Die Spargelscheiben in vorgewärmte Suppenteller verteilen, die aufgeschäumte Suppe darüber geben und mit Kleeblättern garnieren.

Tipp

Glücksklee ist leider selten auf dem Markt zu finden. Als Ersatz kann man den wild wachsenden Waldsauerklee verwenden.

EISHEILIGE

Bayern friert länger

Auch Ungläubige frösteln beim Gedanken an die Eisheiligen und warten mit dem Bepflanzen ihrer Gärten noch drei Tage – die Bayern warten sogar vier. Denn für sie ist die hl. Sophia als »kalte Sophie« die Vierte im Bunde mit Pankratius, Servatius und Bonifatius. An deren Ehrentagen, vom 12. bis 14. Mai, droht ein verspäteter Kälteeinbruch aus dem hohen Norden mit eisigem Wind und nächtlichem Frost, unter dem dann Bayern auch noch am 15. Mai leidet. Nichtsdestotrotz wird bereits der lang ersehnte Spargel gestochen und bis in den Juni hinein genossen.

Bereits im Mai wird der erste, lang ersehnte Spargel gestochen – so die Witterung mitmacht.

HAXERLSÜLZE MIT MEERRETTICHMOUSSE

FÜR EINE TERRINENFORM MIT 1 1/2 L FASSUNGSVERMÖGEN, ERGIBT 15–20 SCHEIBEN

Sülzenstand

1/2 Zwiebel
1 Lorbeerblatt
2 Nelken
150 g Knollensellerie
1 Karotte
1 l Geflügelbrühe, entfettet
1 TL Pfefferkörner
5 Pimentkörner
2 Streifen Zitronenschale
2 Scheiben Ingwer
2 Knoblauchzehen in der Schale
16 Blatt Gelatine
Salz
Zucker
Rotweinessig zum Abschmecken
Cayennepfeffer

Haxerlsülze

350 g Fleisch von einer gepökelten Schweinshaxe, weich gekocht
50 g sehr kleine Würfel von Karotten, Knollensellerie und Lauch
Salz
600 ml flüssiger Sülzenstand, wie oben beschrieben

Meerrettichmousse

350 ml flüssiger Sülzenstand, wie oben beschrieben
60 g Sahnemeerrettich aus dem Glas
180 g Sahne
etwas Zitronensaft
Salz, schwarzer Pfeffer aus der Mühle

Sülzenstand

• Die Zwiebel schälen, mit dem Lorbeerblatt belegen und dieses mit den beiden Nelken befestigen. Sellerie und Karotte schälen und in grobe Stücke schneiden.

• Die Geflügelbrühe mit dem vorbereiteten Gemüse erhitzen. Pfeffer- und Pimentkörner, Zitronenschale, Ingwer und Knoblauch einlegen und knapp unter dem Siedepunkt 1/2 Stunde mehr ziehen als kócheln lassen.

• Inzwischen die Gelatineblätter in reichlich kaltem Wasser einweichen. Die Brühe durch ein Sieb in einen Topf abgießen und mit Salz, Zucker und Rotweinessig herzhaft abschmecken – der Geschmack sollte kräftig sein. Die Gelatine ausdrücken und in der noch heißen Flüssigkeit auflösen.

• Den Sülzenstand bei Zimmertemperatur abkühlen lassen, bis die Flüssigkeit kalt ist, aber noch nicht das Gelieren anfängt – gegebenenfalls nochmals leicht erwärmen.

Haxerlsülze

• Das schön weich gekochte Haxenfleisch in 1/2 cm kleine Würfel schneiden. Die Gemüsewürfel in kochendem Salzwasser weich garen, herausheben, kalt abschrecken und in einem Sieb abtropfen lassen; mit den Händen ausdrücken und mit dem Fleisch vermischen. Den flüssigen Sülzenstand unter die Gemüse-Fleisch-Mischung heben und – nach Geschmack – mit Salz, Cayennepfeffer, Zucker und Rotweinessig abschmecken.

• Eine Terrinenform mit wenig Öl einpinseln und mit einer Frischhaltefolie faltenfrei auslegen. 1/3 der Haxensülzenmischung 1 cm hoch in die Form füllen und im Kühlschrank fest werden lassen (die restliche Mischung bei Zimmertemperatur aufbewahren, damit sie nicht geliert).

Meerrettichmousse

• Den Sülzenstand mit dem Meerrettich verrühren und auf Eiswasser so lange kalt rühren, bis die Masse anfängt, fest zu werden. Die Sahne halbsteif schlagen, unter den Sülzenstand heben und mit Zitronensaft, Salz und Pfeffer und nach Geschmack noch etwas Meerrettich herzhaft würzen.

• Die Terrinenform aus dem Kühlschrank nehmen und die Hälfte der Meerrettichmousse 1/2 bis 1 cm hoch auf die Haxensülzenmischung füllen. Die Sülze wieder in den Kühlschrank stellen, fest werden lassen und diesen Vorgang ein weiteres Mal wiederholen. Auf die zweite Meerrettichmousseschicht die restliche Haxensülze füllen. Das Ganze anschließend mehrere Stunden im Kühlschrank durchziehen lassen.

Anrichten

• Die Sülze durch leichtes Anheben der Folie von der Form lösen, mit Hilfe eines Schneidebrettes stürzen, die Folie abziehen und mit einem Elektromesser in 1 bis 2 cm dicke Scheiben schneiden.

SPARGEL-KARTOFFEL-GRÖSTEL MIT KALBFLEISCHPFLANZERL

FÜR 4 PERSONEN

Kalbfleischpflanzerl

80 g Weißbrot vom Vortag
80 ml Milch
1 kleine Zwiebel
3–4 EL Öl
250 g Kalbshackfleisch
250 g Schweinehackfleisch
1 Ei
1–2 TL scharfer Senf
Salz, schwarzer Pfeffer aus der Mühle
1/2 TL getrockneter Majoran
1/2 Knoblauchzehe, fein gehackt
1 EL glatte Petersilie, grob gehackt

Spargel-Kartoffel-Gröstel

800 g kleine, fest kochende Kartoffeln (z.B. Nicola)
Salz
1/2 TL Kümmel
3 Schalotten
300 g weißer Spargel
300 g grüner Spargel
5–6 EL Öl
80 ml Gemüsebrühe
schwarzer Pfeffer aus der Mühle
1 frischer Rosmarinzweig
2 Streifen Zitronenschale
20 g Butter
2 EL glatte Petersilie, grob gehackt

Kalbfleischpflanzerl

- Das Weißbrot in der Milch einweichen und dann zerzupfen. Die Zwiebel schälen und fein würfeln. 1 Esslöffel Öl in einer Pfanne erhitzen und die Zwiebeln darin glasig anschwitzen.
- Beide Hackfleischsorten mit dem eingeweichten Weißbrot, Zwiebeln, Ei und Senf gut vermischen und mit Salz, Pfeffer, Majoran und Knoblauch würzen. Zum Schluss die Petersilie untermischen.
- Mit feuchten Händen kleine Fleischpflanzerl aus der Masse formen. Das restliche Öl in der Pfanne erhitzen und die Fleischpflanzerl darin von beiden Seiten goldbraun durchbraten; herausheben und auf Küchenkrepp abtropfen lassen.

Spargel-Kartoffel-Gröstel

- Die Kartoffeln waschen, im Salz-Kümmel-Wasser weich kochen, abkühlen lassen, pellen und in gleich dicke Scheiben schneiden.
- Die Schalotten schälen, halbieren und in breite Streifen schneiden. Den weißen Spargel schälen, den grünen nur im unteren Drittel; von beiden Sorten die holzigen Enden abschneiden. Alle Stangen in schräge dünne Scheiben schneiden.
- 3 bis 4 Esslöffel Öl in einer breiten Pfanne erhitzen, die Kartoffeln darin unter Wenden goldbraun anbraten. Dann die Schalotten zugeben, durchschwenken und alles leicht salzen und pfeffern.
- 2 Esslöffel Öl in einer zweiten Pfanne erhitzen und die Spargelscheiben darin bei mittlerer Hitze 2 Minuten anbraten. Die Brühe dazugießen und den Spargel bissfest ziehen lassen.
- Dann die Spargelscheiben zu den Kartoffeln geben, Rosmarin und Zitronenschale zufügen, nochmals erwärmen und die Butter hineinschmelzen lassen, mit Salz und Pfeffer abschmecken und mit der Petersilie bestreuen. Rosmarin und Zitronenschale herausnehmen und die Spargel-Kartoffel-Gröstel mit den Kalbfleischpflanzerln sofort servieren.

SPARGELNUDELN MIT SCHINKEN

FÜR 4 PERSONEN
350 g Penne
Salz
1–2 EL mildes Olivenöl
400 g grüner und weißer Spargel gemischt
150 g gekochter Schinken
2 EL Petersilie
1/2–1 TL Puderzucker
250 ml Geflügel- oder Gemüsebrühe
1 Prise Cayennepfeffer
je 1 Scheibe Knoblauch und Ingwer
1 Streifen Zitronenschale
Salz, schwarzer Pfeffer aus der Mühle
2 EL geriebener Parmesan

- Die Penne in reichlich kochendem Salzwasser bissfest garen, dabei gelegentlich umrühren. Dann in ein Sieb abgießen und gut abtropfen lassen – nicht mit Wasser abspülen! Die Nudeln auf einem Backblech oder Tablett ausbreiten, kurz ausdampfen lassen und mit dem Olivenöl beträufeln.
- Den weißen Spargel schälen, den grünen nur im unteren Drittel; von beiden Sorten die holzigen Enden abschneiden. Alle Stangen in schräge dünne Scheiben schneiden. Den Schinken in Streifen schneiden und die gewaschene und trockengetupfte Petersilie grob schneiden.
- Den Puderzucker in einer Pfanne schmelzen lassen, den Spargel darin anschwitzen, die Brühe aufgießen und zugedeckt bei geringer Hitze bissfest durchziehen lassen. Mit Cayennepfeffer, Knoblauch, Ingwer und Zitronenschale würzen – nach einigen Minuten Knoblauch, Ingwer und Zitronenschale wieder herausnehmen.
- Die Nudeln zugeben, darin nochmals erwärmen und dann den Schinken und die Petersilie einrühren; mit Salz und Pfeffer würzen. Mit Parmesan bestreut servieren.

HIMMELFAHRT UND VATERTAG

Fliegendes Fleisch und Brotflehen

Eher schlicht als ergreifend gedachte die Christenheit früher der Himmelfahrt ihres Herrn: Man zog im Gottesdienst eine Christusfigur ins Kirchengewölbe hinauf. Sobald sie entschwunden war, fielen Blumen, Heiligenbildchen und als Symbole für die Feuerzungen des Heiligen Geistes kleine brennende Hanf- und Flachsstücke herab.

Abergläubische Kirchgänger erwarteten dann die Sommergewitter aus der Richtung, in die der heraufgezogene Jesus zuletzt blickte. Ebenso naiv war die Sitte, am Himmelfahrtstag nur Geflügel zu essen, um sich durch dieses »fliegende Fleisch« des Tages würdig zu erweisen.

Isar-Flussfahrt mit Musik – und im Anschluss daran natürlich eine gemeinsame Einkehr ins Wirtshaus.

Mehr Alkohol als Weihwasser ist gefragt, seit an Himmelfahrt auch der Vatertag gefeiert wird. Damit wurden sowohl die um reichen Erntesegen bittende Flurprozession (»Brotflehen«) als auch der ernste germanische Brauch, einmal im Jahr seinen Grundbesitz abzuschreiten, um den weiteren Besitzanspruch zu bekunden, zur feuchtfröhlichen Landpartie.

Heute erfreuen sich in Bayern neben traditionellen Wanderungen auch Floßfahrten großer Beliebtheit. Für was auch immer man sich entscheidet – der Tag nimmt zumeist seinen Ausklang in einer Wirtschaft.

SPARGELDIP-SAUCEN

Schnittlauch-Grammel-Sauce

50 g durchwachsener Speck
1 EL Öl
250 g Crème fraîche
50 g Sahne
1 TL scharfer Senf
1–2 EL Schnittlauchröllchen
einige Tropfen Zitronensaft
Salz, Cayennepfeffer
1 Prise Zucker

• Den Speck klein würfeln. Das Öl in einer Pfanne erhitzen und die Speckwürfel (Grammel) darin kross anbraten; auf Küchenkrepp abtropfen lassen.
• Crème fraîche, Sahne und Senf glatt verrühren, Schnittlauch und Grammel untermischen und mit Zitronensaft, Salz, Cayennepfeffer und Zucker abschmecken.

Limettenrahm

200 g Crème fraîche
50 g Sahne
1 EL Sauerrahm
1 TL Limettensaft
2 EL Olivenöl
abgeriebene Schale von 1 Limette
Salz, Cayennepfeffer

• Crème fraîche mit der Sahne, dem Sauerrahm, Limettensaft und Olivenöl glatt verrühren. Mit Limettenschale, Salz und Cayennepfeffer abschmecken.

Salsa Verde

3 eingelegte Sardellen
150 g Petersilie
250 g Wurzelspinat
Salz
1 Bund Basilikum
1 kleine gehackte Knoblauchzehe
Saft von 1 Zitrone
100 ml Olivenöl
125 ml Gemüsebrühe
1 EL Kapern
schwarzer Pfeffer aus der Mühle

• Die Sardellen abtropfen lassen und in ca. 1/2 cm schmale Streifen schneiden. Die Petersilien- und Spinatblättchen von den Stielen zupfen, waschen, kurz in kochendes Salzwasser geben, herausheben, kalt abschrecken und abtropfen lassen.
• Basilikum, Petersilie, Spinat, Knoblauch, Zitronensaft und Olivenöl mit einem Stabmixer pürieren. Nach und nach die Gemüsebrühe zugießen. Dann mit einem Löffel Sardellen und Kapern untermischen und mit Salz und Pfeffer abschmecken.

Info

Puristen schwören darauf, ihren Spargel nur mit heißer Butter zu genießen – so wird er denn auch zumeist angeboten, wogegen mitnichten etwas spricht. Auch die klassische Sauce Hollandaise als gewichtigere Beigabe hat sich etabliert.
Diese drei Saucen verstehen sich als Anregung für Spargelliebhaber, die neben der heißen Butter- oder Hollandaisesauce, sozusagen »zwischendurch«, auch einmal eine andere Geschmacksrichtung haben möchten.

ROSA GEBRATENER MAIBOCK-RÜCKEN MIT WEISSBIERKNÖDEL

FÜR 4 PERSONEN

Sauce

1,5 kg Rehrücken am Knochen
300 g Kalbsknochen
2 Zwiebeln
1 Karotte
150 g Knollensellerie
1 EL Puderzucker
300 ml kräftiger Rotwein
2 TL Tomatenmark
2 l Geflügel- oder Gemüsebrühe
1 TL Wacholderbeeren
1/2 TL Pimentkörner
1 kleines Lorbeerblatt
2 Scheiben Ingwer
2 Scheiben Knoblauch
2 Streifen Orangenschale
Salz, schwarzer Pfeffer aus der Mühle
1 EL schwarze Johannisbeerkonfitüre
1 EL Cassislikör

Weißbierknödel

250 g »fleischige«, weiche Brezenstangerl vom Vortag
250 ml Milch
2 Eier
Salz, schwarzer Pfeffer aus der Mühle
etwas frisch geriebene Muskatnuss
1/2 Zwiebel
1 EL Öl
20 g gebräunte Butter
1 EL frisch geschnittene Petersilie
5 EL Weißbierschaum

Maibockrücken

ausgelöste Rehrückenfilets vom Maibockrücken
1 EL Öl
Salz, schwarzer Pfeffer aus der Mühle

Sauce

- Die Rehrückenfilets auslösen, von allen Sehnen befreien und kalt stellen; Rehrücken- und Kalbsknochen klein hacken (den Metzger darum bitten), auf einem Backblech verteilen und im Ofen bei 200 °C etwa 1 Stunde bräunen lassen – das austretende Fett entfernen. Das Gemüse schälen und in ca. 2 cm große Stücke schneiden.
- Den Puderzucker in einem flachen Topf bei milder Hitze hell karamellisieren lassen; mit 1/3 des Rotweins ablöschen, das Tomatenmark hineinrühren und bei geringer Hitze sirupartig einkochen lassen. Den übrigen Rotwein auf 2 weitere Male hinzufügen und ebenfalls einkochen lassen. Die gebräunten Knochen mit dem Gemüse dazugeben und mit der Brühe auffüllen, so dass alle Zutaten gerade bedeckt sind. Knapp unter dem Siedepunkt etwa 2 Stunden ziehen lassen. Dann alles durch ein Sieb in einen Saucentopf abgießen.
- Wacholderbeeren, Pimentkörner und Lorbeerblatt in die Sauce geben, nochmals etwas einkochen lassen und dann erneut durch ein Sieb abgießen. Ingwer, Knoblauch und Orangenschale einlegen, 5 Minuten darin ziehen lassen und wieder entfernen. Mit Salz, Pfeffer, Johannisbeerkonfitüre und Cassislikör abschmecken.

Weißbierknödel

- Von den Brezenstangerln das Salz abreiben und die Brezen in 1 cm große Würfel schneiden. Die Milch aufkochen, etwas abkühlen lassen, die Eier hineinrühren und mit Salz, Pfeffer und Muskat würzen. Dann die Brezenwürfel zugeben.
- Die Zwiebel schälen und klein würfeln. Das Öl in einer Pfanne erhitzen und die Zwiebeln darin bei milder Hitze glasig anschwitzen; zusammen mit der warmen, gebräunten Butter und der Petersilie in die Brezenmasse geben, den Weißbierschaum unterheben und mit Salz, Pfeffer und Muskat nachwürzen.
- Zwei Blätter starke Alufolie jeweils mit Klarsichtfolie belegen. Die Weißbierknödelmasse darauf zu länglichen Rollen von etwa 5 cm Ø formen. Erst in die Klarsichtfolie einrollen, dann in die Alufolie einwickeln. Die Enden der Alufolie erst andrücken, dann wie bei einem Bonbon drehen, so dass schöne Rollen entstehen.
- Die Knödelrollen in leicht siedendem Wasser gut 30 Minuten garen. Herausheben, aus der Folie wickeln und heiß in Scheiben aufschneiden; oder ausgekühlt in Scheiben schneiden und in einer Pfanne in Butter bei milder Hitze beidseitig anbraten.

Maibockrücken

- Den Backofen auf 100 °C vorheizen, in die mittlere Einschubleiste ein Ofengitter schieben. Darunter ein Abtropfblech stellen. Eine Pfanne bei mittlerer Temperatur erhitzen, dann das Öl hineingeben und die Rehfilets darin kurz von allen Seiten anbraten. Dann auf das Ofengitter legen und in etwa 35 Minuten darin rosa braten.
- Das Fleisch in Scheiben schneiden, mit Salz und Pfeffer würzen und mit der Sauce und den Weißbierknödeln auf heißen Tellern anrichten.

TOPFENCREME MIT MARINIERTEN ERDBEEREN

FÜR 4 PERSONEN

Topfencreme

100 g Quark (Topfen)
4 EL flüssige Sahne
1 Eigelb
20 g Puderzucker
Mark von 1/2 Vanilleschote
1 TL Zitronensaft
1 Msp. abgeriebene Zitronenschale
1 1/2 Blatt Gelatine
1 Eiweiß
1 EL Zucker
50 g geschlagene Sahne

Erdbeeren

400 g Erdbeeren
1–2 EL Zucker
Puderzucker zum Abschmecken
einige Tropfen Orangenlikör und Zitronensaft

Topfencreme

- Den Quark mit 2 Esslöffeln flüssiger Sahne glatt verrühren. Eigelb, Puderzucker, Vanillemark, Zitronensaft und -schale hellschaumig aufschlagen und mit dem Quark vermischen.
- Die Gelatine in wenig kaltem Wasser einweichen und dann gut ausdrücken. Die übrige flüssige Sahne erwärmen und die Gelatine darin auflösen. Die Mischung rasch unter die Quarkmasse rühren.
- Eiweiß und Zucker zu einem festen, cremigen Schnee schlagen und zusammen mit der geschlagenen Sahne unter die Quarkmasse heben.

Die Masse in kleine Portionsförmchen füllen, mit Klarsichtfolie bedecken und im Kühlschrank in mehreren Stunden fest werden lassen.

Erdbeeren

- Die Erdbeeren waschen, entkelchen, abtropfen lassen und vierteln. 1/4 der Menge mit dem Zucker pürieren, durch ein Sieb streichen und mit den Erdbeerstückchen verrühren. Mit Puderzucker, Orangenlikör und Zitronensaft abschmecken.

Anrichten

- Die Förmchen bis zum oberen Rand hin in fast kochendes Wasser tauchen und dann auf Teller stürzen. Die Erdbeeren außenherum anrichten.

Jedes Jahr aufs Neue eine kulinarische Wonne: sonnengereifte frische Erdbeeren, am besten aus der Region.

WALDMEISTERCOCKTAIL

FÜR 1/2 LITER

500 ml trockener Weißwein
50 g Zucker
Mark von 1/2 Vanilleschote
40 g frische Waldmeisterblätter
1 Streifen Zitronen- oder Orangenschale
1–2 EL Waldmeistersirup
gut gekühlter Prosecco zum Aufgießen

- Weißwein, Zucker und Vanillemark aufkochen und dann auskühlen lassen.
- Die Waldmeisterblätter etwas anwelken lassen und mit der Zitronen- oder Orangenschale zugedeckt 1 Tag in der Flüssigkeit ziehen lassen. Anschließend durch ein feines Sieb gießen. Bis zum Gebrauch zugedeckt kalt stellen.
- Zum Servieren 1 bis 2 Esslöffel Waldmeistersirup in ein Sektglas geben und mit Prosecco aufgießen.

SOMMER

JUNI
PFINGSTFEST UND SONNWEND

Feuerzungen und Freudensprünge

Pfingsten bekam seinen Namen vom griechischen Wort für den Fünfzigsten: »Pentecoste«. Dieser simple Name hat so gar nichts mit der Bedeutung des Festes zu tun. Er erinnert bloß daran, dass es in den biblischen Gegenden zum ersten Mal am »Fest der Weizenernte« gefeiert wurde, das immer 50 Tage nach Ostern stattfand. Die Christen hingegen würdigen die Erscheinung des Heiligen Geistes, der durch Feuerzungen über die Jünger Jesu herabkam und sie befähigte, fortan das Wort Gottes in vielen Sprachen zu verkünden.

Der Brauch, den Heiligen Geist im Gottesdienst durch herabrieselnde brennende Flachs- und Hanfstückchen oder das Niederkommen einer lebenden oder dargestellten Taube zu symbolisieren, konnte sich nur sehr vereinzelt halten. Auch der »Pfingstochse« blieb nur als symbolischer Begriff geläufig. Einst war das ein Ochse, der geschmückt durchs Dorf geführt und dann geschlachtet wurde – mittlerweile charakterisiert er jemanden, der noch schön anzusehen, aber schon verloren ist. Im Bayerischen Wald kommt noch heute mancherorts der »Pfingstl«, der als Symbol des Winters von Burschen mit bunten Maibäumchen durchs Dorf geführt wird. Verliebte Burschen steckten früher ihren Mädchen als »Pfingstmaien« mit Blumen und Bändern verzierte Birkenzweige ans Haus. Sitzen gelassene Liebhaber rächten sich mit kahlen Ästen oder Zweigen, den »Schandmaien«. Als die an Pfingsten gemolkene Milch noch den Mägden gehörte, bereiteten sie daraus ihrem Freund eine »Pfingstmilch« mit Mandeln und Eiern. Die Burschen dankten am Montag nach dem Kirchgang mit dem »Pfingstbier«, bei dem auf dem Dorfplatz getanzt, gegessen und getrunken wurde.

Hoch zu Ross

Vielerorts fanden Prozessionen zu Pferde durch die Felder statt, um denen Heil und Segen zu bringen. In Kötzting blieb diese Sitte so beliebt, dass sie zum größten Brauchtumsfest Ostbayerns wurde: Rund 600 festlich herausgeputzte Reiter und Pferde ziehen am Sonntagmorgen unter feierlichem Glockengeläut vom Marktplatz zur Wallfahrtskirche St. Nikolaus in Steinbühl, bei der Heimkehr erklingen Fanfaren und Böllerschüsse.

Fröhlich wie Pfingsten wird auch der längste Tag des Jahres gefeiert. Die Kirche tut's am 24. Juni, dem Johannitag. An dem wurden schon immer aus Anlass der Sonnenwende vor allem auf den Bergen imposante Holzhaufen entzündet, damit die Freudenfeuer bis weit in die Täler zu sehen waren. In heidnischen Zeiten sollten Feuer an bedeutsamen Tagen des Jahres die Fruchtbarkeit der Felder fördern und alles Böse abwehren. Deshalb warf man auch brennende Scheiben auf sein Land oder zog mit brennenden Fackeln übers Feld. Wegen des Aberglaubens, dass Feuer den Menschen reinige, sprang man durch und über das lodernde Feuer. Es entzündeten sich auch allerlei Orakel: Sprangen Pärchen über das Feuer, ohne ihre Hände loszulassen, galt das als Indiz für baldige Hochzeit. Als noch wirksamer galt ein Sonnwendfeuer, wenn alle gemeinsam um das Feuer tanzten.

Sonnwendfeuer (links), verzierte Birkenzweige (Mitte) und Pferdeprozessionen (rechts) kennzeichnen die Mitte des Jahres.

MATJES MIT SPINAT-KOHLRABI-SALAT UND GEBRATENEN KARTOFFELSCHEIBEN

FÜR 4 PERSONEN

Spinat-Kohlrabi-Salat

300 g junge Spinatblätter
1 mittelgroßer Kohlrabi
1 reife Avocado
1 Schalotte
1/2 Knoblauchzehe
100 ml Gemüsebrühe
2–3 EL Weißweinessig
1 Prise Puderzucker
1 Prise Salz
2 EL Olivenöl
1 TL Walnussöl
schwarzer Pfeffer aus der Mühle
1 EL eingelegte, gut abgetropfte kleine Kapern

Kartoffelscheiben

4 mittelgroße Kartoffeln
1 EL Öl
Salz, schwarzer Pfeffer aus der Mühle
1 Prise gemahlener Kümmel

Dillrahmsauce

150 g Crème fraîche
1 EL Sauerrahm
1 TL scharfer Senf
1/2 TL Blütenhonig
1 TL frisch geschnittener Dill
Salz, Cayennepfeffer

Anrichten

4 Matjes-Doppelfilets
einige frische Dillzweige zum Garnieren

Spinat-Kohlrabi-Salat

• Den Spinat putzen, gründlich waschen und abtropfen lassen. Den Kohlrabi schälen, das holzige Ende entfernen, vierteln und in feine Scheiben hobeln. Die Avocado schälen, halbieren, den Stein entfernen und in Scheiben schneiden. Die Schalotte schälen und klein würfeln.

• Eine Salatschüssel mit der halbierten Knoblauchzehe ausreiben. Schalotten, Brühe, Essig, Puderzucker, Salz, Oliven- und Nussöl in der Salatschüssel gut miteinander vermischen. Mit dem Pfeffer würzen.

• Die Spinatblätter in die Schüssel geben, die Kapern darauf streuen und alle weiteren Zutaten untermengen.

Kartoffelscheiben

• Die Kartoffeln schälen und in 3 mm dicke Scheiben schneiden. Das Öl in einer Pfanne erhitzen und die Kartoffelscheiben darin bei milder Hitze auf beiden Seiten in etwa 10 Minuten hell braten. Mit Salz, Pfeffer und Kümmel würzen.

Dillrahmsauce

• Alle Zutaten verrühren; die Dillrahmsauce mit Salz und Cayennepfeffer abschmecken.

Anrichten

• Die Matjesfilets unter fließend kaltem Wasser waschen, trockentupfen und je 1 Doppelfilet auf einen großen Teller legen. Den Spinat-Kohlrabi-Salat mit den Kartoffelscheiben und der Dillrahmsauce daneben anrichten.

CARPACCIO VOM PFINGSTOCHSEN MIT PFEFFERRAHM

FÜR 4 PERSONEN

Pfefferrahm

100 g Crème fraîche
4–5 EL Sahne
1/2 TL scharfer Senf
Salz, Cayennepfeffer
einige Tropfen Zitronensaft

Carpaccio

400 g Rinderfilet
Olivenöl für die Folie
4 EL mildes Olivenöl
etwas Zitronensaft
Salz, schwarzer Pfeffer aus der Mühle
etwas Limettensaft

Pfefferrahm

- Crème fraîche, Sahne und Senf glatt verrühren. Mit Salz, Cayennepfeffer und Zitronensaft herzhaft abschmecken.

Carpaccio

- Das Rinderfilet erst in 3 bis 5 mm dicke Scheiben, dann in Würfel schneiden und zwischen zwei Blätter mit Olivenöl bestrichene Klarsichtfolie legen. Zudecken und mit der flachen Seite eines Schnitzelklopfers gleichmäßig dünn klopfen.
- Vier flache Teller mit Olivenöl einpinseln, etwas Zitronensaft darauf träufeln und leicht mit Salz und Pfeffer bestäuben. Die Rindfleischscheibchen vorsichtig aus der Folie lösen, leicht überlappend auf die Teller legen und die Fleischscheiben ebenfalls mit Öl einpinseln; dann mit Limettensaft beträufeln und leicht salzen und pfeffern.
- Den Pfefferrahm in eine kleine Backpapiertüte oder einen Gefrierbeutel füllen, die Spitze abschneiden und gitterförmig auf das Carpaccio auftragen.

SIEBENSCHLÄFER

Den Sieben gab's der Herr im Schlafe

In Rotthof, südwestlich von Passau, zeigt eine Sehenswürdigkeit, dass der Tag mit der geläufigsten und wichtigsten deutschen Wetterregel nicht nach der possierlichen Schlafmausart Siebenschläfer, sondern nach sieben menschlichen Schläfern benannt ist. Der bekannte Rokoko-Stukkateur Johann Baptist Modler bildete hier 1785 jene Berghöhle nach, in die sich – gemäß der frommen Legende – im Jahr 251 in Ephesus sieben gejagte junge Christen flüchteten und von ihren Verfolgern eingemauert wurden. Sie schliefen dort 195 Jahre, bis sie am 27. Juni 446 zufällig entdeckt wurden; durch ihr Aufwachen bekräftigten sie den Glauben an die Auferstehung der Toten. Die Legende, die auch im Koran nachzulesen ist, wurde in Deutschland während der Kreuzzüge bekannt.

Selbst »Wetterungläubige« blicken am 27. Juni zum Himmel, ist doch der Spruch »wenn die Siebenschläfer Regen kochen, dann regnet's noch nach sieben Wochen« allseits bekannt.

Geselliges Beisammensein um ein Mittsommerfeuer, in dem sich köstliche Folienkartoffeln zubereiten lassen.

GEFÜLLTE OFENKARTOFFELN

FÜR 4 PERSONEN

4 große Kartoffeln
4 Zweige Rosmarin
2 halbierte Knoblauchzehen
Meersalz
3 EL Olivenöl
1 kleine Zwiebel
100 g durchwachsener Speck
1 EL Öl
200 g Romadur (gut schmelzender Rotschmierkäse)
1 EL Crème fraîche
Salz, schwarzer Pfeffer aus der Mühle
1 Prise gemahlener Kümmel
1 EL Schnittlauchröllchen

• Den Backofen auf 200 °C vorheizen.

• Die Kartoffeln waschen und mit je 1 Zweig Rosmarin, 1/2 Knoblauchzehe und 1 Prise Meersalz in mit etwas Olivenöl bestrichene Alufolie wickeln. Im Ofen in etwa 1 1/2 Stunden weich backen lassen.

• Inzwischen die Zwiebel schälen, den Speck häuten und beides fein würfeln. Das Öl in einer Pfanne erhitzen und den Speck darin bei milder Hitze anschwitzen; die Zwiebel hinzufügen, einige Minuten glasig andünsten lassen und dann beide Zutaten in einem Sieb abtropfen lassen. Den Käse in Würfel schneiden.

• Die gegarten Kartoffeln längs halbieren, mit einem Löffel das Fruchtfleisch herauslösen und in grobe Stücke brechen. Mit Speck, Zwiebel, Käse und Crème fraîche vermischen, die Masse mit Salz, Pfeffer und Kümmel würzen und zurück in die Kartoffelschalen füllen. Zum Erwärmen nochmals für einige Minuten in den Ofen schieben. Mit Schnittlauch bestreut anrichten.

GEFÜLLTE KANINCHENKEULEN MIT GEMÜSEVINAIGRETTE

FÜR 4 PERSONEN

Kaninchenkeulen

80 g Breze vom Vortag
1 Ei
1 EL Butter
1 EL Zwiebelwürfel
80 ml Milch
Salz, schwarzer Pfeffer aus der Mühle
etwas frisch geriebene Muskatnuss
1 EL Petersilie, frisch geschnitten
4 Kaninchenkeulen
4 TL scharfer Senf

Gemüsevinaigrette

1/2 TL scharfer Senf
1/2 Knoblauchzehe
1 EL Rotweinessig
2 EL mildes Olivenöl
125 ml Gemüsebrühe
Salz, schwarzer Pfeffer aus der Mühle
1 Prise Cayennepfeffer
1 Prise Zucker
1 Schalotte
1/2 Stange Staudensellerie
1/4 kleine Zucchini
1/4 kleine gelbe Paprika
1 kleinere Tomate
2 TL frisch geschnittener Majoran

Kaninchenkeulen

- Die Breze klein würfeln und in eine Schüssel geben. Das Ei in einer Schüssel verquirlen.
- Die Butter in einer Pfanne erhitzen und die Zwiebelwürfel darin bei milder Hitze glasig anschwitzen. Die Milch erhitzen und unter Rühren zu dem Ei gießen. Das Milch-Ei-Gemisch mit Salz, Pfeffer und Muskat würzen und mit den Brezenwürfeln, den Zwiebeln und der Petersilie vermischen.
- Die Kaninchenkeulen entbeinen (den Metzger darum bitten), die dicken Stellen mit einem Messer etwas einritzen und zwischen zwei Blättern geölter kräftiger Klarsichtfolie auf knapp 1 cm Dicke klopfen. Mit Salz und Pfeffer würzen, mit dem Senf bestreichen und je 1/4 der Füllung länglich darauf verteilen. Das Kaninchenfleisch um die Füllung wickeln. 4 Stück Alufolie mit je 1 Blatt Klarsichtfolie belegen (von je ca. 25 cm Seitenlänge). Die Kaninchenrouladen darauf legen, zuerst in die Klarsichtfolie, dann in die Alufolie fest einwickeln.
- Die Kaninchenrouladen in einem Topf mit Wasser knapp unter dem Siedepunkt in etwa 30 Minuten ziehen lassen, herausnehmen und in der Folie lauwarm auskühlen lassen.

Gemüsevinaigrette

- Senf, die zerdrückte Knoblauchzehe, Essig und Öl in die Gemüsebrühe mixen und mit Salz, Pfeffer, Cayennepfeffer und Zucker herzhaft abschmecken.
- Die Schalotte schälen und klein würfeln; Selleriestange, Zucchini, Paprika und Tomate küchenfertig vorbereiten und ebenfalls klein würfeln. Nacheinander die Schalotte, den Sellerie und die Zucchini in kochendem Salzwasser bissfest garen, herausheben, in kaltem Wasser abschrecken und in einem Sieb abtropfen lassen.
- Alle Gemüsesorten mit dem Majoran in die Gemüsevinaigrette geben, etwas darin ziehen lassen und nochmals abschmecken.

Anrichten

- Die Kaninchenkeulenrouladen aus der Folie wickeln, in dünne Scheiben aufschneiden, nebeneinander auf Teller legen und mit der Gemüsemarinade beträufeln.

GEFÜLLTE MILCHKALBSBRUST

FÜR 4 PERSONEN

Füllung

150 g Kalbsbrät vom Metzger
2 EL Sahne
je 1/2 TL frisch gehackter Knoblauch und Ingwer
1 Msp. abgeriebene Zitronenschale
1 EL glatte Petersilie, grob geschnitten
50 g sehr kleine Karottenwürfel
50 g sehr kleine Lauchwürfel (am besten vom Grün)
Salz
125 g Roggenmischbrot, altbacken, aber nicht zu trocken
100 ml Milch
1 Ei
schwarzer Pfeffer aus der Mühle
etwas frisch geriebene Muskatnuss
1/2 Zwiebel
30 g Butter

Milchkalbsbrust

1 1/2 kg Milchkalbsbrust
Salz, schwarzer Pfeffer aus der Mühle
1 TL Puderzucker
250 ml Rotwein
1 TL Tomatenmark
250 ml Geflügelbrühe
3 Zwiebeln
2 Karotten
200 g Knollensellerie
1 Lorbeerblatt
1/2 Knoblauchzehe
1 Scheibe Ingwer
20 g Butter

Füllung

• Das Kalbsbrät mit der Sahne glatt verrühren und mit Knoblauch, Ingwer, Zitronenschale und der Hälfte der Petersilie würzen. Die Gemüsewürfel in kochendem Salzwasser bissfest garen, herausheben, kalt abschrecken und in einem Sieb gut abtropfen lassen – mit den Händen etwas ausdrücken und unter das Kalbsbrät mischen.

• Das Brot in 1/2 bis 1 cm große Würfel schneiden. Die Milch aufkochen, vom Herd nehmen, das Ei mit einem Quirl hineinrühren und die Flüssigkeit mit Salz, Pfeffer und Muskat würzen. Über die Brotwürfel gießen und zugedeckt 5 bis 10 Minuten ziehen lassen.

• Inzwischen die Zwiebel schälen und fein würfeln. Die Butter in einer Pfanne erhitzen und die Zwiebeln darin bei milder Hitze glasig anschwitzen. Mit der restlichen Petersilie locker unter die Knödelmasse mischen und auskühlen lassen. Dann die Masse mit dem Brät vermischen.

Milchkalbsbrust

• In die Milchkalbsbrust mit einem scharfen Messer vorsichtig eine Tasche einschneiden und die Kalbsbrust innen und außen salzen und pfeffern; nicht zu prall mit der Knödel-Brät-Masse füllen und die offene Seite mit einem Schaschlikspieß verschließen oder mit Küchengarn zunähen.

• Backofen auf 150 °C vorheizen.

• Den Puderzucker in einem großen Bräter karamellisieren lassen; mit etwas Rotwein ablöschen, das Tomatenmark hineinrühren und sirupartig einkochen lassen. Nach und nach den übrigen Rotwein dazugießen und ebenfalls einkochen lassen. Die Brühe dazugießen, die Kalbsbrust einlegen und im Ofen zugedeckt 3 bis 3 1/2 Stunden schmoren lassen. Dabei immer wieder mit dem Schmorsud übergießen.

• Das Gemüse schälen, in 1 bis 2 cm große Stücke oder Scheiben schneiden und nach 2 Stunden um das Fleisch herum verteilen. 15 Minuten vor Garende Lorbeer, Knoblauch und Ingwer einlegen.

• Die Milchkalbsbrust aus dem Bräter heben und warm stellen. Die Sauce durch ein Sieb in einen Topf gießen, mit Salz und Pfeffer abschmecken und ein kleines Stück Butter hineinschmelzen lassen. Die Gewürze aus dem Gemüse entfernen. Die Milchkalbsbrust in Scheiben aufschneiden und mit etwas Schmorgemüse und der Sauce auf vorgewärmten Tellern anrichten.

HOLUNDERBLÜTENCREME MIT APRIKOSEN UND HIMBEEREN

FÜR 4 PERSONEN

Holunderblütencreme

150 ml Milch
70 g Zucker
Mark von 1/2 Vanilleschote
fein abgezupfte Holunderblüten von 2 großen Blütendolden
3 1/2 Blatt Gelatine
300 g Magermilchjoghurt
150 g Sahne
einige Tropfen Zitronensaft

Aprikosen

350 g Aprikosen
1 EL Puderzucker
50 g Zucker
1 kleiner Splitter einer Zimtrinde
Mark von 1/2 Vanilleschote
1 Scheibe Ingwer
je 1 Streifen Zitronen- und Orangenschale
Saft von 1/2 Orange
50 ml Weißwein

Anrichten

einige Himbeeren zum Garnieren

Holunderblütencreme

• Die Milch mit Zucker und Vanillemark in einem kleinen Topf erhitzen, vom Herd nehmen, 5 Minuten abkühlen lassen, die Holunderblüten einstreuen. Mindestens 1/2, besser 1 Stunde ziehen lassen, dann durch ein Sieb in einen Topf abgießen.

• Die Gelatine in etwas kaltem Wasser einweichen. Die Holundermilch erwärmen (nicht kochen!), die gut ausgedrückte Gelatine darin auflösen und rasch den Joghurt einrühren. Die Sahne cremig aufschlagen und unterheben. Mit Zitronensaft abschmecken.

• Die Masse in Portionsförmchen füllen und im Kühlschrank in einigen Stunden fest werden lassen.

Aprikosen

• Die Aprikosen waschen, entsteinen und in Spalten schneiden. Den Puderzucker in einer Pfanne hell karamellisieren lassen; dann die Aprikosenspalten dazugeben und leicht anschwitzen lassen. Zucker und sämtliche Gewürze hinzufügen, mit Orangensaft und Weißwein ablöschen und etwas einkochen lassen.

Anrichten

• Die Förmchen einige Minuten in heißes Wasser tauchen und die Creme auf flache Teller stürzen. Die heißen Aprikosen daneben anrichten und die Himbeeren dazwischenstreuen.

MELONENSUPPE MIT MINZE

FÜR 4 PERSONEN

1 vollreife orangefleischige Melone (Cantaloup oder Charentais)
4 EL Orangensaft
Saft von 1/2 Zitrone
30 g Zucker
60 ml weißer Portwein
1 Glas Prosecco
etwas Puderzucker
4 Zweige Minze

• Die Melone halbieren, die Kerne entfernen und aus dem Fruchtfleisch einige kleine Kugeln (ca. 120 g) als Einlage ausstechen. Das übrige Fleisch (das sind ca. 400 g) mit Orangensaft, Zitronensaft, Zucker und weißem Portwein mit einem Stabmixer pürieren. Dann den Prosecco hinzufügen und in tiefe Teller verteilen.

• Die Melonenkugeln in die Suppe einlegen und zugedeckt mehrere Stunden kalt stellen. Kurz vor dem Servieren die Melonensuppe mit Zitronensaft und Puderzucker oder Läuterzucker (Zuckersirup) abschmecken und eventuell noch einen Schuss Prosecco hinzufügen.

• Einige Minzeblätter klein schneiden und über die Suppe streuen, mit einem Zweig Minze garnieren.

JULI
BIERGARTEN UND SCHÜTZENFESTE

Brotzeit am Busen der Natur

Wenn der Himmel so weißblau aussieht wie ihre Landesfahne, dann zieht's die Bayern unwiderstehlich in den Biergarten – ein Vergnügen, das sie selbstverständlich auch dem Rest der Menschheit gönnen. Der Biergarten ist zwar urmünchnerisch, aber beim Export seiner Lebensart hat der Bayer »fei nix« gegen die Globalisierung.

Aber wie sind die Biergärten eigentlich entstanden?

Die Grundlage war die bayerische Brauordnung aus dem Jahre 1539. Diese legte fest, dass nur zwischen »Michaeli« am 29. September und »Georg« am 23. April gebraut werden durfte. Durch das Sieden bestand im Sommer Brandgefahr, deshalb war das Brauen verboten. Zudem braucht untergäriges Bier eine Temperatur von 4–6 °C zur Gärung. Natürlich wollte aber niemand im Sommer auf den Biergenuss verzichten, es wurde also auf Vorrat gebraut. Und das ist auch der Ursprung des so genannten Märzen. Um die Haltbarkeit zu erhöhen, wurde das letzte Bier etwas stärker eingebraut: das Märzenbier, das den Sommer über verkauft werden sollte.

Doch eine Frage blieb: Wie sollte man das Bier kühl halten? Die großen Brauereien lösten dieses Problem mit dem Bau von Bierkellern. Sie nahmen sich die Vorratskeller, in denen in Privathaushalten die verderbliche Ware gelagert wurde, als Vorbild. Jedoch konnte man nicht einfach die Kellerräume der Braustätten nutzen, denn hier wurde das Bier gebraut. Da man aber weite Wege vermeiden wollte, entstanden meist direkt neben dem Brauhaus große Bierkeller. Diese Keller kühlte man mit Stangeneis, das im Winter aus den umliegenden Weihern gesägt wurde. Als Schutz gegen die Sommersonne pflanzte man Schatten spendende Bäume. Da die Kastanie der einheimische Baum mit den größten Blättern war, wurde sie zum Dach für die unterirdischen Gewölbe und somit zum traditionellen Biergartenbaum.

Joseph Pschorr, der Stammvater der heutigen Hacker-Pschorr Brauerei, war stets allen Innovationen gegenüber aufgeschlossen und ein Vordenker seiner Branche. So baute er ab 1813 in zehn Jahren eine 400 000 Gulden teure »Bierfestung«, mit Platz für 35 000 Hektoliter damals der größte Lagerkeller Deutschlands. In zwölf Metern Tiefe lagert das Bier mit Natureis gekühlt auch im Sommer bei optimalen Temperaturen.

Die Brauer sahen natürlich die Chance, ihr Bier direkt aus dem Keller an die Münchner zu verkaufen. Unter den schattigen Kastanienbäumen stellten sie Tische und Bänke auf, und der Biergarten war geboren, auch wenn man damals »auf den Sommerkeller« ging. Die Münchner Wirte waren von der Konkurrenz ihrer »Lieferanten« hingegen wenig begeistert und protestierten heftig. Daraufhin traf Ludwig I. eine Entscheidung, die bis heute wirkt: Die Brauer durften ihr Bier auf den Kellern ausschenken, aber sie durften keine Speisen anbieten. Wer also zu seiner Maß

Was bei einer typisch bayerischen Brotzeit nicht fehlen darf: Gurkerl, Radi und Radieserl. Und natürlich ein kühles Bier…

Bier eine Brotzeit genießen wollte, musste diese selbst mitbringen. Und so ist es bis heute Tradition und gute Sitte, dass es in allen echten Biergärten einen Bereich gibt, wo man sein Bier selbst an der Schänke holt und seine mitgebrachten Schmankerl verzehren darf.

Schützenfeste und Könige

Der Sommer ist aber auch – und das nicht nur in Bayern – die Hochzeit, um ins Schwarze zu treffen. Die Schützenbruderschaften nehmen Maß zum Einladungs-, Preis- und Königsschießen, zum Vogel-, Adler- und Blattlschießen – ein bewährtes Brauchtum, um sich seines Königs würdig zu erweisen. Denn immerhin war dieser im 19. Jahrhundert der edle Spender der anschließenden Festlichkeiten. Die Armbrust zielt horizontal auf die Scheibe und vertikal auf den Stern. Wenn dann der Schützenkönig feststeht, können all diejenigen, die ihrem Kini nachtrauern, oder auch die anderen traditionsbewusst und zielwasserfest den Schützenkönig auf dem Tanzboden und im Wirtshaus hochleben lassen.

Die Schützen verschiedener Schützenvereine beim Aufmarsch zum Turnier.

JAKOBI

Billig oder wahr?

Am Festtag des hl. Jakobs, dem 25. Juli, begann früher die Ernte. Deshalb waren beispielsweise die ersten Kartoffeln nach dem Märtyrer benannt – von den Jakobserdäpfeln bis zu den Jakobskrumbieren (zusammengezogen aus Erdkrume und Birne). Auch die ersten Frühäpfel, die »Jakobiäpfel«, wurden gepflückt. Doch zum Symbol dieses Heiligen wurde etwas Feineres: die Jakobsmuschel, die auch in der Nähe seines Grabes in Santiago di Compostela an der spanischen Meeresküste reichlich zu finden ist. Wer zu dieser weltbekannten Wallfahrtsstätte gepilgert war, nahm eine Muschel mit, die auf dem Heimweg vielen als Trinkschale diente. Nach dem Apostel – zusammen mit seinem Bruder, dem Evangelisten Johannes, und Petrus einer der ersten Jünger Jesu – ist außer der Muschel, den Kartoffeln und Äpfeln noch vieles benannt: der Köbes in den rheinischen Bierhäusern, die Jakobiner der Französischen Revolution, der »wahre Jakob« als Synonym für den einzig richtigen Mann für die Aufgabe oder der »billige Jakob« als Charakterisierung des Jahrmarktschreiers. Da ihm auch zahllose Kirchen gewidmet sind, ist an St. Jakobi vielerorts Kirchweihfest.

Einsammeln der ersten Kartoffeln im Jahr, der Jakobserdäpfel.

GEBACKENE SCHIESSSCHEIBEN

FÜR EINE SCHIESSSCHEIBE
VON ETWA 30 CM Ø

Teig

120 g abgetropfter Quark (in einem Küchentuch das Wasser ausgedrückt)
3 EL Pflanzenöl
1 Prise Salz
150 g Mehl
1 gestr. TL Backpulver (ca. 4 g)
Mehl zum Ausrollen

Belag

120 g Frischkäse
1 EL Olivenöl
1 Msp. gehackter Knoblauch
1 TL frisch gehackter Thymian
Salz, schwarzer Pfeffer aus der Mühle
1 Prise Cayennepfeffer
250 g Blattspinat
75 g Bergkäse
1 TL abgeriebene Limettenschale
etwas frisch geriebene Muskatnuss
1/4 Zucchini
150 g Salami
100 g Kirschtomaten
100 g Artischocken aus der Dose

Teig

• Quark, Öl und Salz glatt verrühren. Mehl und Backpulver sieben und dazugeben. Alles zu einem geschmeidigen Teig verkneten, diesen in Klarsichtfolie wickeln und bei Zimmertemperatur 15 Minuten ruhen lassen – so lässt er sich anschließend dünner ausrollen. Je nach Konsistenz des Quarks muss noch 1 Esslöffel Milch oder etwas Mehl hinzugefügt werden.

• Auf einer bemehlten Arbeitsfläche zu einer etwa 3 mm dicken Scheibe mit ca. 30 cm Ø ausrollen und auf ein mit Backpapier belegtes Backblech legen.

Belag

• Den Frischkäse mit Olivenöl, Knoblauch, Thymian, Salz, Pfeffer und Cayennepfeffer herzhaft abschmecken und so auf den Teig streichen, dass ein 3 cm breiter Rand frei bleibt.

• Den Spinat verlesen, gründlich waschen, kurz in kochendes Salzwasser geben, herausheben, mit kaltem Wasser abschrecken und in einem Sieb abtropfen lassen – mit den Händen gut ausdrücken.

• Den Käse raspeln und mit dem Spinat und der Limettenschale vermengen; mit Salz, Pfeffer und Muskat würzen.

• Die Spinat-Käse-Mischung in die Mitte der Teigplatten zu einem Kreis von ca. 6 cm Ø auflegen. Dann den äußeren Rand noch mit einer 3 cm breiten Spinat-Käse-Mischung kranzförmig belegen.

• Die Zucchini waschen, in dünne Scheiben schneiden und salzen. Die Salami in dünne Scheiben schneiden. Beides abwechselnd schuppenförmig zwischen den Spinatbelag kreisförmig auflegen. Eine Salamischeibe in die Mitte platzieren.

• Die Kirschtomaten waschen und quer halbieren. Die Artischocken abtropfen lassen und in kleine Stücke schneiden. Beides mit Salz und Pfeffer würzen und zwischen den Zucchini- und Salamischeiben und dem Spinat kreisförmig auflegen.

• Den Backofen auf 220 °C vorheizen und die Schießscheibe darin auf der untersten Einschubleiste in etwa 20 Minuten backen, bis der Teig unten gebräunt ist.

KNÖDEL-WURST-SALAT

FÜR 4 PERSONEN

Dressing

125 ml Brühe
1 TL scharfer Senf
1–2 EL Weißweinessig
1 Prise Zucker
Salz
2 EL Öl
1 TL Nussöl
schwarzer Pfeffer aus der Mühle

Salat

1 Bund Lauchzwiebeln
100 g kleine Essiggurken
1 Bund Radieschen
100 g breite Bohnen
100 g Cocktailtomaten
400 g fertige Semmelknödel
400 g Regensburger Würste
2 EL Öl

Dressing

• Die Brühe mit dem Senf, Essig, Salz und Zucker gut verrühren. Öl, Nussöl und Pfeffer dazugeben. Bei Bedarf mit etwas Salz nachwürzen.

Salat

• Die Lauchzwiebeln putzen und wie die Essiggurken auch in schräge Scheiben schneiden. Die Radieschen putzen und in dünne Scheiben schneiden. Die Bohnen putzen, in Rauten schneiden, in kochendem Salzwasser bissfest garen, herausheben, mit kaltem Wasser abschrecken und in einem Sieb abtropfen lassen. Die Cocktailtomaten waschen und halbieren.

• Die Knödel in 1 cm dicke Scheiben schneiden. Die Regensburger in 1/2 cm dicke Scheiben schneiden und halbieren.

• Das Öl in einer Pfanne erhitzen und die Knödelscheiben darin bei mittlerer Hitze von beiden Seiten kross anbraten. Dann herausnehmen und vierteln.

• Knödel und Wurst mit dem Gemüse auf flachen Tellern anrichten, das Dressing darüber verteilen und 10 Minuten ziehen lassen.

Info

Wenn es einmal etwas Außergewöhnliches, aber dennoch Bodenständiges sein darf, sind diese Gerichte ideale Begleiter für einen Biergartenbesuch: Ihre aromatische Würze fordert geradezu ein kühles hopfenmalziges Bier zum Runterspülen!

KARTOFFELKÄS

FUR 4 PERSONEN

400 g vorwiegend fest kochende Kartoffeln
Salz
1/2 TL ganzer Kümmel
1 Zwiebel
2 EL Butter
200 g Sauerrahm
2 EL warme gebräunte Butter
je 1 Prise Cayennepfeffer, gemahlener Koriander, Kümmel
etwas frisch geriebene Muskatnuss
4 Scheiben Schwarzbrot
2 EL Schnittlauchröllchen

• Die Kartoffeln waschen und in Salz-Kümmel-Wasser weich kochen. Das Wasser abgießen, die Kartoffeln schälen und durch eine Kartoffelpresse drücken.

• Die Zwiebel schälen und klein würfeln. 2 Esslöffel Butter in einer Pfanne schmelzen lassen und die Zwiebeln darin bei milder Hitze gleichmäßig hell bräunen.

• Die warmen Kartoffeln, Zwiebeln und Sauerrahm verrühren und die gebräunte Butter hinzufügen. Mit Salz, Cayennepfeffer, Koriander, Kümmel und Muskat pikant würzen.

• Den Kartoffelkäs großzügig auf die Schwarzbrotscheiben streichen und mit Schnittlauch bestreut servieren.

MARINIERTER MIESBACHER

FÜR 4 PERSONEN

4 Miesbacher (ersatzweise Romadur oder Limburger)
400 ml Gemüsebrühe
2–3 EL Balsamicoessig
80 ml kräftiges Olivenöl
2 Schalotten
2 mittelscharfe kleine Chilischoten
2 Rosmarinzweige
8 frische Basilikumblätter, grob gezupft
6–8 getrocknete Tomatenhälften, in Olivenöl eingelegt
2 Streifen Zitronenschale
schwarzer Pfeffer aus der Mühle

- Jeden Miesbacher in 3 Scheiben schneiden und alle Scheiben in eine entsprechend große flache Schüssel oder Form legen.
- Die Gemüsebrühe mit Essig und Olivenöl mischen und um die Käsestücke gießen.
- Die Schalotten schälen und in dünne Ringe schneiden. Die Chilischoten waschen, halbieren, Kerne und weiße Trennwände entfernen und die Schoten klein schneiden. Die Rosmarinnadeln abstreifen. Die Basilikumblätter waschen und grob zerzupfen.
- Tomatenhälften, Rosmarin, Chilis, Zitronenschale, Basilikum und Schalottenringe um den Miesbacher verteilen und das Ganze mindestens 1/2 Stunde marinieren lassen. Kurz vorm Servieren mit reichlich Pfeffer würzen.

BRATHENDL

FÜR 2 PERSONEN

1 ganzes Masthendl
Salz, schwarzer Pfeffer aus der Mühle
1 Zweig Petersilie
1 Zweig Rosmarin
1 Streifen Zitronenschale
1 Knoblauchzehe in der Schale
80 g flüssige gesalzene Butter zum Bepinseln

• Das Hendl innen und außen salzen und pfeffern. Petersilie, Rosmarin, Zitronenschale und Knoblauch in die Bauchhöhle legen und das Hendl der Länge nach auf einen Spieß stecken. Auf den Grill im Backofen hängen oder auf dem offenen Grill unter ständigem Drehen etwa 1 Stunde garen. Zwischendurch immer wieder mit flüssiger gesalzener Butter bepinseln.

• Wird das Hendl nicht unter dem Grill gegart, den Backofen auf 160 °C vorheizen. Das Hendl in eine Bratreine setzen, 125 ml Geflügelbrühe dazugießen und etwa 1 Stunde ohne Deckel braten. Zwischendurch mit flüssiger Butter bepinseln. Dann die Temperatur auf 190 °C hochschalten, damit das Hendl während der letzten 15 Minuten schön kross wird.

OBAZDA

FÜR 4 PERSONEN

2 Lauchzwiebeln
150 g Almkäse oder anderer halbfester, herzhafter Käse
150 g weiche Butter
150 g Quark
70 g Sahne
Salz, schwarzer Pfeffer aus der Mühle
1 kräftige Prise gemahlener Kümmel
1/2 TL edelsüßes Paprikapulver
1 kräftige Prise Cayennepfeffer

• Die Lauchzwiebeln putzen, waschen und abtropfen lassen. Das Lauchzwiebelgrün nahezu entfernen und in Ringe schneiden; die Lauchzwiebeln längs vierteln und quer klein schneiden.

• Den Almkäse grob reiben. Die Butter schaumig rühren und mit Quark, Käse und den klein geschnittenen Lauchzwiebeln gut vermischen. Die Sahne steif schlagen und unter die Käsemasse ziehen. Mit Salz, Pfeffer, Kümmel, Paprika und Cayennepfeffer herzhaft würzen.

• Den Obazdn in kleine Schälchen füllen oder mit einem heißen Esslöffel Nocken davon ausstechen, diese auf Teller setzen und mit geschnittenem Lauchzwiebelgrün bestreuen.

ZWIEBELKUCHEN

FÜR 1 BACKBLECH VON 30 X 40 CM

Hefeteig

20 g Hefe
1 Prise Zucker
125 ml Milch
300 g Mehl
2 Eigelbe
1/2–1 TL Salz
schwarzer Pfeffer aus der Mühle
je 1 Prise gemahlener Koriander und Kümmel
1 Msp. abgeriebene Zitronenschale
60 g Butter + Butter für das Blech

Belag

1 kg Zwiebeln
150 g gekochter Hinterschinken
1 TL Puderzucker
20 g Butter
Salz, schwarzer Pfeffer aus der Mühle
je 1 Prise fein gemahlener Kümmel
1 TL fein gehackter Thymian
400 g Crème fraîche
400 g Sauerrahm
5 Eier
1 Prise Cayennepfeffer
etwas frisch gemahlene Muskatnuss

Hefeteig

- Für den Vorteig die Hefe zusammen mit dem Zucker in 4 Esslöffeln lauwarmer Milch (ca. 30 °C) auflösen.
- Das Mehl in eine Schüssel geben und in die Mitte eine kleine Mulde drücken. Die aufgelöste Hefe in die Mulde gießen und mit etwas Mehl von den Seiten zu einem zähflüssigen Teig verrühren. Die Schüssel mit Klarsichtfolie bedecken und zum Gehenlassen für 15 Minuten an einen warmen Ort stellen, bis das Dampferl (der Vorteig) blasig aufgegangen ist.
- Die Eigelbe verquirlen, mit der restlichen Milch, Salz, Pfeffer, Kümmel, Koriander und Zitronenschale in den Vorteig einrühren; einen Teig kneten und die weiche Butter einarbeiten. In der Küchenmaschine oder mit einem Holzlöffel so lange verkneten, bis ein glatter, elastischer Teig entstanden ist, der sich gut vom Schüsselrand löst. Zudecken und nochmals mindestens 45 Minuten an einem warmen Ort gehen lassen, bis sich das Teigvolumen verdoppelt hat.
- Ein tiefes Backblech mit flüssiger Butter bestreichen. Den Teig auf einer bemehlten Fläche dünn ausrollen, das Blech damit auslegen und weitere 15 Minuten gehen lassen. Den Backofen auf 175 °C vorheizen.

Belag

- Die Zwiebeln schälen, vierteln und in Streifen schneiden. Den Schinken klein würfeln.
- Den Puderzucker in einer großen Pfanne bei milder Hitze hell karamellisieren lassen. Die Zwiebelstreifen mit der Butter zufügen und glasig anschwitzen. Mit Salz, Pfeffer, Kümmel und Thymian würzen. Die Pfanne vom Herd nehmen und die Schinkenwürfel einrühren.
- Crème fraîche und Sauerrahm mit den aufgeschlagenen Eiern glatt verrühren und mit Salz, Cayennepfeffer und Muskat würzen. Die Eimasse mit den Zwiebeln vermengen und gleichmäßig auf dem Hefeteig verteilen.
- Den Zwiebelkuchen auf der mittleren Schiene im Backofen in 35 Minuten goldbraun backen. Herausnehmen, etwas abkühlen lassen und lauwarm in kleine Stücke schneiden; auf einer Platte anrichten.

AUGUST
GARTEN- UND GRILLFESTE

Im Freien schmeckt's einfach besser

Wenn wir das Glück haben, dass der Sommer kein grün angestrichener Winter ist, dann zieht es uns mit aller Macht hinaus ins Freie. Vor allem auf die Terrassen unserer Lieblingslokale.

Bereits Mitte des 18. Jahrhunderts nahmen noble Londoner ihren »five o'clock tea« mit oder ohne die seinerzeitige Erfindung des vierten Earl of Sandwich draußen in den Landschaftsparks ein. Danach lösten die französischen Romantiker und der deutsche »Sturm und Drang« menschliche Sehnsucht zurück zur Natur aus. Die stillt nicht nur den Appetit auf frische Luft, sondern lässt auch fernab allen Feinstaubs und aller Abgase einfach alles besser schmecken. Wenn wir frisch gemähte Wiesen riechen und Feldblumensträuße pflücken können, wenn uns Sonnenblumen heiter stimmen oder würziger Wald tief durchatmen lässt, ist jedes Picknick ein Hochgenuss. Wahrscheinlich weil das schöne Gefühl, in freier Natur zu sein, unsere Sehnsucht nach dem Süden stillt und uns dessen Leichtigkeit des Seins erfüllt. Im Sommer können auch wir Deutsche uns dazu aufraffen, das Leben ohne ewiges Wenn und Aber zu bejahen. Sommerfest, Sommerfrische und Sommernachtstraum versetzen uns für eine Weile in eine andere Welt.

Im August entfalten Kräuter (links) ihre Würzkraft und sind somit würdige Begleiter für Mariä Himmelfahrt. Die Fischer freuen sich, beginnt jetzt doch wieder ihre Saison (oben rechts), was mit dem traditionellen Fischerstechen (oben links) gefeiert wird.

Mariä Himmelfahrt – ein Strauß mit 99 Kräutern

Keine Frau wurde so oft gemalt und plastisch dargestellt wie sie, keine andere so oft besungen oder zur Schutzpatronin erkoren. Bayern ehrt und feiert sie als Patrona Bavariae und Wallfahrtsziel in Altötting sowie mit dem Wahrzeichen Münchens, der doppeltürmigen Kirche zu unserer lieben Frau (Frauenkirche).

Marias leibliche Himmelfahrt feiern nur die Katholiken (aber auch nicht alle, denn die seit 1054 von der römisch-katholischen Kirche getrennte Ostkirche hält es in dem Punkt mit dem Reformator Martin Luther). Da Maria auch als »Blume des Feldes« verehrt wird, ist ihr höchstes Fest am 15. des Monats oft mit der Kräuterweihe verbunden. Die Natur steht jetzt in voller Blüte. Zur kirchlichen Segnung trugen die Frauen Sträuße mit einer ganz bestimmten – je nach Region unterschiedlichen – Anzahl von Kräutern: 7, 9, 12, 24, 72 oder sogar 99. Wie schön wäre es, wenn wir Köche heute noch 99 frische Kräuter zur Verfügung hätten ...

Endlich Fisch!

Ein fangfrisch gegrillter Fisch lässt uns ahnen, wie sehr einst der 24. August herbeigesehnt wurde, der nicht nur der Festtag des hl. Bartholomäus, sondern auch das Ende der Schon- und Laichzeit der Fische in Flüssen und Seen ist. Kein Wunder, dass er Patron der Fischer wurde und ihm am Königssee eine so schöne Kirche wie St. Bartholomä geweiht ist. Am 24. August feierte man den Fischerkönig für seinen größten Fang sowie den Sieger des »Fischerstechens« – ein Brauchtum, bei dem Fischer verschiedener Zünfte oder Gemeinden versuchen, sich mit Hilfe von langen Stangen von den Booten ins Wasser zu stoßen.

SPANFERKEL MIT PAPRIKA-RAHM-KRAUT

FÜR 4 PERSONEN

Spanferkelschulter

1 Spanferkelschulter, ca. 1 kg
Salz
1 große Zwiebel
1 kleine Karotte
80 g Knollensellerie
1–2 TL Puderzucker
80 ml Malzbier
150 ml Geflügelbrühe
je 1 Prise gemahlener Kümmel und Majoran
1/2 geschälte Knoblauchzehe in Scheiben
1 Streifen Zitronenschale

Paprika-Rahm-Kraut

2 Knoblauchzehen
1 TL ganze Kümmelsamen
1 Streifen Zitronenschale
1 TL Majoran
Salz
1 EL weiche Butter
1 junger Weiß- oder Spitzkohl, ca. 700–800 g
2 TL Puderzucker
1 TL Tomatenmark
2 TL edelsüßes Paprikapulver
500 ml Geflügelbrühe
200 g Sauerrahm
Cayennepfeffer

Spanferkelschulter

- Die Spanferkelschulter in kochendes Salzwasser legen und darin ca. 10 bis 15 Minuten ziehen lassen. Herausnehmen und die Schwarte leicht einschneiden.
- Inzwischen das Gemüse putzen und schälen; die Zwiebel in Ringe, die Karotte in Scheiben und den Sellerie in gleich große Stücke schneiden. Den Backofen auf 160 °C vorheizen.
- Einen Bräter bei geringer Temperatur erhitzen und dann den Puderzucker einstreuen und hell karamellisieren lassen. Zwiebeln, Karotten und Sellerie darin glasig anschwitzen und mit Malzbier ablöschen. Kurz einkochen lassen und dann die Brühe dazugießen. Die Spanferkelschulter darauf setzen und zugedeckt in der Ofenmitte etwa 1 1/2 Stunden garen lassen. Die Temperatur auf 220 °C erhöhen, die Schwarte salzen und weitere 15 Minuten braten.
- Die Spanferkelschulter herausnehmen und warm stellen. Den Bratensaft mit Kümmel, Majoran und Salz würzen, Knoblauch und Zitronenschale einlegen und einige Minuten darin ziehen lassen. Den Bratensaft durch ein Sieb abgießen und getrennt zu Schulter und Paprika-Rahm-Kraut servieren.

Paprika-Rahm-Kraut

- Für die Gewürzbutter den abgezogenen Knoblauch, Kümmel, Zitronenschale und Majoran fein hacken, mit 1 Prise Salz vermischen und mit der Butter vermengen.
- Die äußeren Blätter des Kohls entfernen, die anderen Blätter ablösen, die Blattrippen ausschneiden und die Blätter in Rauten schneiden.
- Den Puderzucker in einer breiten Pfanne hell karamellisieren lassen; dann das Weißkraut zugeben und anbraten. Das Tomatenmark einrühren, mit dem Paprikapulver bestäuben, die Brühe dazugießen und alles aufkochen lassen. Die Pfanne vom Herd ziehen, den Sauerrahm einrühren und das Kraut mit Salz, Cayennepfeffer und der Gewürzbutter verfeinern.

KALBSHAXE IM GANZEN GESCHMORT

FÜR 4 PERSONEN

2 Zwiebeln
1 Karotte
1 Petersilienwurzel
120 g Knollensellerie
1 ganze Kalbshaxe, ca. 1,8 kg
Salz, schwarzer Pfeffer aus der Mühle
2 EL Öl
2 TL Puderzucker
150 ml Rotwein
1 EL Tomatenmark
400 ml Geflügelbrühe
1 Lorbeerblatt
1/2 TL schwarze Pfefferkörner
1 Streifen unbehandelte Zitronenschale
1 geschälte Knoblauchzehe
1 Scheibe Ingwer
1 Thymianzweig

- Das Gemüse schälen und klein schneiden. Den Backofen auf 160 °C vorheizen.
- Die Kalbshaxe salzen und pfeffern. Das Öl in einem Bräter erhitzen und die Haxe bei mittlerer Hitze von allen Seiten anbraten. Dann herausnehmen.
- Das Fett mit Küchenkrepp aus dem Bräter tupfen, den Puderzucker hineinstäuben und darin hell karamellisieren lassen. Mit dem Rotwein ablöschen, das Tomatenmark hineinrühren und sirupartig einkochen lassen. Das Gemüse dazugeben, die Brühe angießen und die Kalbshaxe darauf setzen.
- Im geschlossenen Topf unter mehrmaligem Wenden in insgesamt etwa 4 Stunden im Ofen weich garen. Nach 2 1/2 Stunden den Deckel abnehmen und die Kalbshaxe gelegentlich mit der Sauce übergießen.
- Die Kalbshaxe herausnehmen und warm stellen. Lorbeer und Pfefferkörner in die Sauce geben und diese etwas einkochen lassen. Zitronenschale, Knoblauch, Ingwer und Thymian einlegen, einige Minuten darin ziehen lassen und wieder herausnehmen. Die Sauce durch ein Sieb in einen Topf gießen, dabei das Gemüse mit einem Holzlöffel etwas durchpassieren. Die Sauce mit Salz abschmecken.
- Die Kalbshaxe mit der Sauce im Bräter anrichten.

Info

Ein Gericht, das sich auch als Grillessen hervorragend eignet – allerdings hat man dann eben keine Sauce dazu. Aber wer kennt nicht die klassische Schweinshaxe, die in Biergärten angeboten wird? Wie auch immer: Ein zünftiges Essen, das von einem schönen kühlen Bier begleitet werden sollte.

ZANDER IN DER FOLIE

FÜR 4 PERSONEN
1 ganzer Zander, ca. 1,2 kg
Salz, schwarzer Pfeffer aus der Mühle
1 rote Chilischote
2 EL Olivenöl
einige Butterflöckchen
2 Scheiben Ingwer
2 Streifen Zitronenschale
2 Knoblauchzehen in der Schale
1/2 TL schwarze Pfefferkörner
1/2 TL Pimentkörner
1 kleines Lorbeerblatt
50 ml Weißwein

• Kiemen und Flossen des Zanders mit einer Fischschere entfernen (oder den Fischhändler darum bitten). Innen und außen waschen, trockentupfen, salzen und pfeffern.
• Den Backofen auf 160 °C vorheizen. Die Chilischote längs halbieren, die Kerne samt weißer Trennwände herausschaben.
• Ein großes Stück Alufolie mit Olivenöl bestreichen und mit Butterflöckchen belegen. Den Fisch darauf legen, sämtliche Gewürze im Ganzen in die Bauchhöhle und obenauf verteilen, den Weißwein außenherum gießen. Die Folie über dem Fisch zusammenfalten. Im Backofen ca. 45 Minuten garen.

Der Bartholomäustag am 24. August wird am Schliersee mit Bootsfahrten begangen.

PFEFFERBUTTER

1 1/2 EL rote Pfefferkörner
1 1/2 EL grüne Pfefferkörner
1 EL Szechuanpfeffer
250 g weiche Butter
1/2 TL Honig
1/2 TL fein gehackter Ingwer
1/2 gehackte Knoblauchzehe
1 Msp. abgeriebene Orangenschale
Salz, Cayennepfeffer

- Sämtliche Pfefferkörner grob schroten, in einer Pfanne ohne Fettzugabe etwas anrösten und auskühlen lassen.
- Die Butter schaumig rühren; Honig, Ingwer, Knoblauch, Orangenschale und den Pfefferschrot hineinrühren, die Masse salzen und mit Cayennepfeffer würzen.
- Die Butter auf die Längsseite eines Bogens Backpapier auftragen und eine Rolle daraus formen. 1 Stunde in den Kühlschrank stellen, anschließend in Scheiben schneiden und servieren.

SENFBUTTER

1/2 Zwiebel
1 EL Öl
250 g weiche Butter
1 EL scharfer Senf
100 g grobkörniger Senf (Rotisseur-Senf)
1 TL Worcestersauce
1 TL frisch geschnittener Estragon
Salz, schwarzer Pfeffer aus der Mühle

- Die Zwiebel schälen und klein würfeln; das Öl in einer Pfanne erhitzen und die Zwiebeln darin bei mittlerer Hitze glasig anschwitzen, dann auskühlen lassen.
- Die Butter schaumig rühren; Senfe, Worcestersauce und Zwiebel hineinrühren. Den Estragon klein schneiden, in die Senfbutter rühren und mit Salz und Pfeffer würzen.

KÄSEBUTTER

150 g würziger Edelpilzkäse
150 g Butter
Salz, schwarzer Pfeffer aus der Mühle
je 1 Prise gemahlener Koriander und Kümmel
etwas frisch geriebene Muskatnuss
1 Prise Cayennepfeffer

- Den Käse durch ein Sieb streichen.
- Die Butter schaumig rühren; den Käse hineinrühren und mit Salz, Pfeffer, Koriander, Kümmel, Muskat und Cayennepfeffer würzen.
- Die Butter auf die Längsseite eines Bogens Backpapier auftragen und eine Rolle daraus formen. 1 Stunde in den Kühlschrank stellen, anschließend in Scheiben schneiden und servieren.

LIMETTENGRANITÉ MIT WEISSBIER

165 g Zucker
325 ml Wasser (75 ml + 250 ml)
110 ml Limettensaft
Kristallweizen oder Sternweiße zum Aufgießen

• Den Zucker mit 75 ml Wasser aufkochen, den Topf vom Herd ziehen und auskühlen lassen. Dann das restliche Wasser mit dem Limettensaft einrühren.

• Die Flüssigkeit in eine Auflaufform gießen und für mindestens 4 Stunden in den Gefrierschrank stellen. Mit Hilfe eines Löffels das Limetteneis kristallig auskratzen. 4 Tumbler damit 3/4 voll füllen und mit Weißbier aufgießen, sofort servieren.

MARINIERTE GARTENBEEREN

500 g aufgetaute Tiefkühl-Himbeeren
180 g Zucker
1 kg gemischte Gartenbeeren (z.B. Erdbeeren, Himbeeren, Brombeeren, Johannisbeeren rot und schwarz, Stachelbeeren)
Zitronensaft nach Geschmack

• Die Himbeeren mit 100 g Zucker pürieren und durch ein Sieb streichen.

• Die Gartenbeeren verlesen, waschen, von den Erdbeeren den Stielansatz entfernen und zerkleinern. In eine Schüssel geben.

• Die Beeren mit der Himbeersauce übergießen, mit Zitronensaft und dem restlichen Zucker abschmecken. Die Beeren ca. 1/2 Stunde ziehen lassen.

• Die marinierten Beeren können mit 2 Esslöffeln klein geschnittener Zitronenmelisse, dem Mark von 1 Vanilleschote oder 1 Spritzer Orangenlikör verfeinert werden.

HERBST

SEPTEMBER OKTOBERFEST UND ALMABTRIEB

Das größte Prosit der Gemütlichkeit

Mit dem September zieht der Herbst in unsere Breiten ein – und damit steht die Ernte der letzten Getreidesorten an. Auch Wurzeln, Beeren und Pilze haben Saison sowie natürlich Äpfel, Birnen und Nüsse; in vielen Küchen wird nun heftig eingekocht und eingemacht.

Herbsteinläuten auf den Almen

Offizieller Herbstbeginn ist am 21. September, dem Tag des hl. Matthäus. Besonders die Winzer beäugen mit Argusaugen den Himmel, ob es nun regnet oder nicht, wann es richtig kalt wird oder eben nicht – entscheidet das Wetter doch jetzt nochmals, welche Qualität die Früchte ihrer Arbeit erhält.

Jetzt kehren auch die Sennen mit ihrem Vieh von den hoch gelegenen Almen ins Tal zurück. Zum traditionellen Almabtrieb tragen die Kühe prächtigen Kopfschmuck, und das unüberhörbare Geläut ihrer Glocken begleitet sie. Jedes Jahr zieht dieses Schauspiel tausende Besucher an. Nach alter Tradition werden die Kühe jedoch nur geschmückt, wenn es keine Unfälle gab und der Senn die ganze Herde wohlbehalten zurückbringt.

Der fast verschwundene Ernteheilige

In manchen bayerischen Regionen wird der nahezu vergessene hl. Michael noch verehrt; immerhin kein Geringerer als der Schutzpatron der Ernte. An seinem besonderen Feiertag, dem 29. September, ruhte lange Jahre die Arbeit. Da es aber den Obrigkeiten denn im Laufe der Jahrhunderte ein Zuviel an arbeitsfreien Feiertagen gab, wurde er 1800 kurzerhand abgeschafft. Aber der Gesetzgeber hatte nicht mit der Dickköpfigkeit seines Volkes gerechnet, das sich seine Feiertage nicht so einfach nehmen ließ. Der Kompromiss sah dann folgendermaßen aus: Vormittags ging man in die Kirche und danach ins Wirtshaus und nach einer angemessenen Mittagsruhe dann nachmittags wieder zur Arbeit auf die Felder.

Heute ist der Ernteheilige fast aus dem Bewusstsein verschwunden, aber Erntedank wird in einer anderen, umfangreicheren Form gefeiert, nämlich mit den zahlreichen Erntekirchweihfesten.

Ein Prosit der Gemütlichkeit

Und gefeiert wird auch auf der Theresienwiese: das weltweit größte Bierfest,

Links: Lebkuchenherzerl und Karussellfahrten gehören auf jede spätsommerliche Kirchweih.

das Oktoberfest. In der Ruhmeshalle der »Bavaria«, die seit 1850 auf der Theresienhöhe über das Oktoberfest wacht, zählt auch ein Brauer zu den 108 bedeutendsten Bayern: Joseph Pschorr, der zum »König der Münchner Brauherren« avancierte, als er 1824 in der Beliebtheitsskala des Münchner Biers mit seiner Hacker-Brauerei auf Platz eins und mit seiner Brauerei zum Pschorr auf Rang zwei kam. Wohlgefällig kann er auf seine Erben herabblicken, denn zu den beliebtesten Wiesnattraktionen zählen die Pschorr-Festhalle, besser bekannt als die »Bräurosl«, und das Hacker-Festzelt.

Bierzelt-Gschichtn

Die Rosl lud 1913 in das größte Wiesn-Bierzelt aller Zeiten: Sie bot auf ihren 5500 Quadratmetern etwa 12 000 Gästen Platz. Mittlerweile ist die Hofbräu-Festhalle mit 10 000 Plätzen größtes Zelt. Die Bräurosl, eingerahmt von zwei fast 20 Meter hohen Maibäumen, ist derzeit das modernste Wiesnzelt, in dessen hellem und luftigem Ambiente 8500 Gästen eingeschenkt wird.

Natürlich werden bei einem Wiesnzelt nach jedem Oktoberfest alle Schäden behoben und Teile erneuert, so ist es eigentlich jedes Jahr »wie neu«, das fordert schon der TÜV. Es ist aber auch dem Stolz und dem Ehrbefinden eines jeden Festwirts zuzuschreiben, sein Zelt immer im besten Licht zu zeigen. Das Hacker-Festzelt erstaunt seine Gäste durch ein Interieur, das bayerische Bierseligkeit und weltläufige Gemütlichkeit harmonisch miteinander verbindet – schließlich hat es auch der »Oscar«-prämierte Innenarchitekt und Bühnenbildner Rolf Zehetbauer gestaltet. Und jedes Jahr wieder gibt es – auch für treue Stammgäste – etwas Neues zu entdecken, ob eine neu gestaltete Box oder ein verändertes Detail am großen Wandgemälde. Und das drehbare Musikpodium ist sowieso einmalig auf der Wiesn.

Die festlich geschmückte Leitkuh zeugt von einem gut verlaufenen Sommer auf der Alm.

BAUERNFRÜHSTÜCK

FÜR 4 PERSONEN
500 g Kartoffeln
Salz
1 Zwiebel
80 g Bergkäse
120 g durchwachsener Bauchspeck
80 g feine grüne Bohnen
1 EL Butter
5 Eier
50 ml Milch
schwarzer Pfeffer aus der Mühle
1 Prise Cayennepfeffer
1 Prise Bohnenkraut
etwas frisch geriebene Muskatnuss

- Die Kartoffeln waschen, schälen und in 1/2 cm dicke Scheiben schneiden. In reichlich Salzwasser weich kochen, in ein Sieb abgießen und ausdampfen lassen.
- Die Zwiebel schälen und mit dem Käse klein würfeln. Den Speck quer in Streifen schneiden. Von den Bohnen die Enden abknipsen, in 3 cm lange Stücke schneiden, in kochendem Salzwasser bissfest garen, herausheben, mit kaltem Wasser abschrecken und in einem Sieb abtropfen lassen.
- Den Backofen auf 180 °C vorheizen.
- Die Butter in einer ofenfesten Pfanne erhitzen und die Zwiebeln darin hell anbraten. Kartoffelscheiben, Speck, Bohnen und Käse untermengen und bei geringer Hitze weitergaren.
- Inzwischen die Eier mit der Milch verquirlen, mit Salz, Pfeffer, Cayennepfeffer, Bohnenkraut und Muskat würzen und in die Pfanne gießen; vorsichtig vermengen. Noch 1/2 Minute auf dem Herd lassen, dann für etwa 20 Minuten im Ofen garen.
- Zum Anrichten das Bauernfrühstück aus der Pfanne auf eine Platte stürzen, in Stücke schneiden und gleich servieren.

HOPFENERNTE

In Bayern ist weder Hopfen noch Malz verloren

Im geografischen Herzen des Landes, zwischen Amper, Ilm, Donau und Isar, liefert das größte Hopfenanbaugebiet der Welt den Rohstoff für den würzigherben Geschmack und die Haltbarmachung des Bieres (und auch beim Anbau von Braugerste fürs Malz sind die bayerischen Landwirte führend). In der Hallertau – mundartlich: Holledau – wird ein Drittel des Weltbedarfs an Hopfen geerntet: nur die gelblich grünen, fettig wirkenden Dolden der weiblichen Pflanzen. Deren Stauden ragen an gespannten Drähten fünf bis sieben Meter auf.

Um Aroma und Farbe der Dolden zu erhalten, ist ein aufwändiges Trocknungsverfahren nötig.

FELD-, WALD- UND WIESENSALAT MIT GEBRATENER HENDLBRUST

FÜR 4 PERSONEN

Hendl

4 Hendlbrüste mit Haut
4 EL Öl zum Braten
Salz, schwarzer Pfeffer aus der Mühle
3 EL mildes Olivenöl
abgeriebene Schale von 1 Limette

Dressing

125 ml Gemüsebrühe
1–2 EL Rotweinessig
1 Scheibe Knoblauch
1 TL scharfer Senf
4 EL mildes Olivenöl
Salz, schwarzer Pfeffer aus der Mühle
je 1 Prise Zucker und Cayennepfeffer

Feld-, Wald- und Wiesensalat

200 g Eissalat
40 g Löwenzahnsalat
40 g Feldsalat
1 Bund Radieserl
1 Karotte
80 g breite Bohnen
Salz
120 g Steinpilze und Pfifferlinge, gemischt
1–2 TL Öl
1 Streifen Zitronenschale
1/2 Knoblauchzehe
1 Prise gemahlener Kümmel
1 EL Butter
schwarzer Pfeffer aus der Mühle

Hendl

- Den Backofen auf 100 °C vorheizen und in die mittlere Einschubleiste ein Ofengitter schieben, darunter ein Abtropfblech stellen.
- Die Hendlbrüste enthäuten. 1 Esslöffel Öl in einer ofenfesten Pfanne erhitzen und die Brüstchen darin bei milder Hitze auf beiden Seiten anbraten; dann in 45 Minuten im Backofen saftig durchziehen lassen. Anschließend salzen und pfeffern und schräg in dünne Scheiben schneiden.
- Inzwischen die Hendlbrusthäute klein würfeln. Das restliche Öl in einer Pfanne erhitzen und die Hendlbrusthäute darin bei sehr milder Hitze zu hellen und krossen Grammeln ausbraten; herausheben, auf Küchenpapier abtropfen lassen und leicht salzen.
- Das Olivenöl mit der Limettenschale auf einem Porzellanteller verrühren, mit Salz und Pfeffer würzen. Kurz vor dem Servieren die Hendlbrüste darin kurz wenden und dann schräg in Scheiben aufschneiden.

Dressing

- Gemüsebrühe, Essig, Knoblauch und Senf mit einem Stabmixer pürieren, dabei das Öl langsam dazugießen. Mit Salz, Pfeffer, Zucker und Cayennepfeffer kräftig würzen.

Feld-, Wald- und Wiesensalat

- Den Eissalat klein schneiden und dabei den Strunk entfernen. Löwenzahnsalat und Feldsalat verlesen, waschen und trockenschleudern.
- Von den Radieserln Blatt- und Wurzelansatz abschneiden, die Radieserl waschen und vierteln. Die Karotte schälen und in feine Scheiben hobeln.Von den Bohnen die Enden abknipsen und schräg in 1 cm lange Stücke schneiden; in kochendem Salz wasser fast weich garen, herausheben, in kaltem Wasser abschrecken und in einem Sieb abtropfen lassen.
- Die Pilze mit einem weichen Pinsel trocken säubern, nur wenn nötig waschen und von älteren Steinpilzen den Schwamm entfernen. Größere Pilze zerkleinern, kleinere Pilze wie Pfifferlinge können ganz gelassen werden. Eine Pfanne bei mittlerer Temperatur erhitzen, dann das Öl hineingeben und die Pilze darin in maximal 2 Minuten anbraten.
- Zitronenschale, Knoblauch und etwas Kümmel einrühren, die Butter hineinschmelzen lassen und alles mit Salz und Pfeffer würzen.
- Alle Zutaten in eine Schüssel geben, mit dem Dressing übergießen, gegebenenfalls noch salzen und pfeffern und alles gut miteinander vermischen.
- Den Salat auf Tellern anrichten, die Hendlbrustscheiben darauf legen und mit den Grammeln bestreuen.

GEBACKENE WEISSWURSTRADELN AUF BIERLINSEN

FÜR 4 PERSONEN

Bierlinsen

1 EL Puderzucker
100 ml dunkles Bier
1/2 Zwiebel
50 g gut durchwachsener Speck
1 EL Öl
150 g Berglinsen (kleine grüne Linsen)
1/2–1 EL Tomatenmark
500 ml Geflügelbrühe
je 30 g geschälte, geputzte Karotte, Lauch und Knollensellerie
1 Prise Majoran
2 Scheiben Knoblauch
1 Scheibe Ingwer
1 kleiner Streifen Orangenschale
1/2–1 EL milder Balsamicoessig
1 EL gebräunte Butter
Salz, Cayennepfeffer
Piment aus der Mühle

Weißwurstradeln

6 Weißwürste
2 Eier
Salz, schwarzer Pfeffer aus der Mühle
1 Spritzer Zitronensaft
100 g doppelgriffiges Mehl
100 g Weißbrotbrösel
Öl zum Braten

Bierlinsen

- Den Puderzucker in einer Pfanne bei milder Hitze hell karamellisieren, mit Bier ablöschen und auf 1/3 einköcheln lassen.
- Die Zwiebel schälen und mit dem Speck klein würfeln. Das Öl in einer Pfanne erhitzen und die Zwiebeln und den Speck darin bei milder Hitze anbraten. Die Linsen dazugeben, das Tomatenmark einrühren, mit der Brühe auffüllen, die Bierreduktion zufügen und etwa 30 Minuten mehr ziehen als köcheln lassen.
- Das Gemüse klein würfeln, zu den Bierlinsen geben und mit Majoran würzen; in weiteren 10 Minuten fertig garen.
- Knoblauch, Ingwer und Orangenschale einlegen und mit dem Balsamicoessig, der gebräunten Butter, Salz, Cayennepfeffer und Piment abschmecken. Die ganzen Gewürze anschließend herausnehmen.

Weißwurstradeln

- Die Weißwürste enthäuten und schräg in 1,5 bis 2 cm dicke Scheiben schneiden.
- Die Eier in einem tiefen Teller verquirlen und mit Salz, Pfeffer und etwas Zitronensaft würzen. Das Mehl und die Weißbrotbrösel ebenfalls in tiefe Teller verteilen.
- Die Weißwurstscheiben nacheinander erst in Mehl wenden, dann durch die Eimasse ziehen und in den Weißbrotbröseln wenden.
- Reichlich Öl in einer Pfanne bei mittlerer Temperatur erhitzen. Die Weißwurstscheiben auf beiden Seiten goldbraun braten, herausnehmen und auf Küchenkrepp abtropfen lassen. Mit den Bierlinsen anrichten.

RAHMSCHWAMMERL MIT KLEINEN SCHINKENKNÖDELN

FÜR 4 PERSONEN

Knödel

1 kleine Zwiebel
80 g gekochter Schinken
1 EL Öl
300 g altbackene Semmeln oder Weißbrot
270 ml Milch
4 Eier
Salz, Cayennepfeffer
etwas frisch geriebene Muskatnuss
1 EL glatte Petersilie, fein geschnitten
schwarzer Pfeffer aus der Mühle

Rahmschwammerl

1 kleine Zwiebel
2 EL Öl
400 ml Gemüsebrühe
1 kleines Lorbeerblatt
4 EL getrocknete Champignons
600 g frische Pilze, wie Steinpilze, Pfifferlinge oder Champignons
Salz, schwarzer Pfeffer aus der Mühle
1 EL glatte Petersilie, grob geschnitten
150 g Sahne
1 TL Speisestärke (5 g)
40 g kalte Butter
1 Streifen Zitronenschale
1 Prise Cayennepfeffer

Knödel

- Die Zwiebel schälen und fein würfeln. Den Schinken ebenfalls würfeln. Das Öl in einer Pfanne erhitzen und die Zwiebeln darin glasig dünsten.
- Die Semmeln in dünne Streifen schneiden und in eine Schüssel geben. Die Milch einmal kurz aufkochen lassen und vom Herd nehmen. Die Eier verquirlen, in die Milch einrühren, mit Salz, Cayennepfeffer und Muskat würzen und über die Brotscheiben gießen. Die Knödelmasse bedeckt 10 Minuten quellen lassen. Zwiebeln, Schinken und Petersilie gleichmäßig einrühren und alles mit Salz, Pfeffer und Muskat würzen.
- Mit feuchten Händen aus der Masse kleine Knödel formen. Diese in kochendem Salzwasser in 15 bis 20 Minuten gar ziehen lassen.

Rahmschwammerl

- Die Zwiebel schälen und fein würfeln. 1 Esslöffel Öl in einer Pfanne erhitzen und die Zwiebeln darin glasig dünsten. Mit der Gemüsebrühe ablöschen, den Lorbeer dazugeben und die Zwiebeln darin weich köcheln lassen; die Trockenpilze dazugeben und 20 Minuten mitziehen lassen.
- Inzwischen die frischen Pilze mit einem Pinsel abbürsten und klein schneiden. Das restliche Öl in einer Pfanne erhitzen, die Pilze darin bei mittlerer Hitze 1 bis 2 Minuten braten, vorsichtig wenden, weiterbraten, salzen und pfeffern und die Petersilie untermischen – die Pilze portionsweise braten, so dass sie möglichst alle am Pfannenboden aufliegen und gleichmäßig Hitze bekommen.
- Nach 20 Minuten den Lorbeer aus der Sauce nehmen. Die Sahne dazugeben, Speisestärke mit wenig kaltem Wasser glatt anrühren, in die Sauce einrühren und 2 Minuten kaum merklich köcheln lassen. Anschließend die Sauce mit einem Stabmixer schaumig aufschlagen und durch ein Sieb in einen Topf abgießen.
- Die Sauce erneut köcheln lassen und dann die Butter in kleinen Stücken hineinmixen; die Zitronenschale dazugeben, einige Minuten mitziehen lassen und dann wieder herausnehmen. Mit Salz und Cayennepfeffer abschmecken, nochmals mit dem Stabmixer aufschäumen und dann die gebratenen Pilze unterrühren.

Anrichten

- Die Rahmschwammerl in vorgewärmte tiefe Teller verteilen und mit den Knödeln obenauf anrichten.

ZWETSCHGENDATSCHI MIT STREUSELN

FÜR 4 PERSONEN

Hefeteig

125 ml Milch
20 g Hefe
300 g Mehl
50 g Zucker
2 Eigelbe
1 EL Mandellikör
1 Prise Salz
1 Msp. Vanillemark
1 Msp. abgeriebene Zitronenschale
50 g weiche Butter
Butter und Mehl für das Blech und zum Ausrollen

Belag

2 kg Zwetschgen
40 g Zucker
1/2 TL Zimt

Streusel

125 g Mehl
100 g Kristallzucker
100 g flüssige Butter
je 1 Prise Salz und Zucker
Mark von 1/2 Vanilleschote
75 g Mandelsplitter

Hefeteig

• Die Milch auf ca. 30 °C erwärmen und die Hefe darin auflösen. Das Mehl in eine Schüssel geben, die Hefemilch hineingießen und alles zusammen mit dem Zucker, den Eigelben, dem Mandellikör, Salz, Vanillemark und der Zitronenschale verkneten; dann die weiche Butter einarbeiten und weiter kneten, bis ein glatter und geschmeidiger Teig entsteht. Diesen zugedeckt ca. 1/2 Stunde an einem warmen Ort gehen lassen.

• Das Backblech mit der flüssigen Butter bestreichen und mit Mehl bestäuben. Den Teig auf einer bemehlten Fläche dünn ausrollen und das Blech damit auslegen.

Belag

• Während der Teig geht, die Zwetschgen waschen, halbieren und entsteinen. Jede Zwetschgenhälfte nochmals der Länge nach bis zur Hälfte einschneiden.

• Den Teig damit dicht belegen. Zucker und Zimt vermischen und die Zwetschgen damit bestäuben.

Streusel

• Mehl, Kristallzucker, flüssige Butter, Salz, Zucker und Vanillemark mit den Händen zu Krümeln verreiben; dann die Mandelsplitter locker untermischen. Die Zwetschgen damit gleichmäßig bestreuen.

Fertigstellung

• Den Kuchen noch 1/2 Stunde gehen lassen. Den Backofen auf 175 °C vorheizen. Dann den Kuchen in 30 bis 40 Minuten goldbraun backen, herausnehmen, lauwarm auskühlen lassen und in kleine Stücke schneiden.

OKTOBERFEST

Ein Fest für die Braut

Das Oktoberfest, größte Volksbelustigung der Welt, entwickelte sich aus einem Pferderennen, das zur Hochzeit des Kronprinzen Ludwig von Bayern und der Prinzessin Therese von Sachsen-Hildburghausen als Volksbelustigung veranstaltet wurde. Der Galopp am 17. Oktober 1810 in Anwesenheit der königlichen Familie fand so viel Anklang, dass er bis 1910 alljährlich wiederholt wurde – verbunden mit einer Leistungsschau des »Landwirtschaftlichen Vereins in Bayern« auf dem fortan Theresienwiese genannten Pferdegeläuf. Das ziemlich bescheidene Vergnügen wurde 1818 um das erste Karussell, zwei Schaukeln, einen Schießstand und die Lizenz für Anton Gruber bereichert, Bier und Speisen zu verkaufen. 1819 ernannte die Stadt München den Agrarauftritt zum Oktoberfest und sich selbst zum Veranstalter – die Zahl der kleinen Buden, in denen sich die Besucher mit Bier versorgen konnten, wuchs dann ziemlich schnell.

Heute strömen alljährlich sechs Millionen Besucher aus aller Welt in die sieben Festzelte und zu 40 weiteren Gastronomiebetrieben, trinken gut sechs Millionen Maß Bier, verzehren 500 000 Brathendl, 60 000 Schweinshaxen und 90 Ochsen, amüsieren sich bei den 185 Schaustellern und verlieren an die 550 Kreditkarten und 200 Handys. Zu den Betrübnissen der Wiesn gehört auch, dass der vermeintlich urbayerische Trinkspruch »Ein Prosit der Gemütlichkeit« mit seinem »Oans, zwoa, drei, g'suffa! « von einem gewissen Bernhard Dittrich aus Chemnitz stammt. Doch wen stört das, wenn er auf dem aus Witterungsgründen im September stattfindenden Oktoberfest unter dem Himmel der Bayern eine Mordsgaudi hat!

Einzug der Wiesnwirte

Ein Brauch, der erstmals mit einer Anzeige wegen Störung der öffentlichen Ordnung geahndet wurde. 1887 kam der »bayerische Herkules« Hans Steyrer auf die Idee, mit einem festlich geschmückten Wagen, auf dem sich neben dem wertvollen Braugut auch eine Kapelle befand, zu seinem Bierstand auf der Wiesn einzufahren. Nach kurzer Fahrzeit beendete die Polizei das Spektakel. Heute ist es umgekehrt: Auf abgesperrten Straßen fahren die Brauereien mit prächtig geschmückten Bierwägen, von Musikkapellen sowie Tausenden von Schaulustigen begleitet, auf der Wiesn ein.

Ein Festwagen mit geschmücktem Braugut auf dem Weg zur Wiesn.

Hacker-Pschorr
Himmel
der Bayern

BACKHENDL MIT WARMEM KRAUTSALAT

FÜR 4 PERSONEN

Krautsalat

- 1 Kopf junges Weißkraut (von ganz jungem Kraut im Frühjahr 2 Köpfe)
- Salz
- 1 EL Puderzucker
- 5 EL Rotweinessig
- 125 ml Gemüsebrühe
- 3 EL Öl
- schwarzer Pfeffer aus der Mühle
- 1 Prise gemahlener Kümmel
- 1 Prise Cayennepfeffer
- 1 Prise Zucker zum Abschmecken
- 100 g gut durchwachsener Speck

Backhendl

- 2 Eier
- 40 g doppelgriffiges Mehl
- 1/2 TL scharfer Senf
- ein paar Tropfen Zitronensaft
- Salz, schwarzer Pfeffer aus der Mühle
- 1 Prise frisch geriebene Muskatnuss
- 150–200 g frisch geriebenes Weißbrot
- 1 TL Bohnenkraut, getrocknet
- 4 Geflügelbrüste, ohne Haut und Knochen
- Öl zum Ausbacken

Krautsalat

• Das Weißkraut putzen, fein hobeln, den Strunk dabei entfernen und das Kraut leicht salzen.

• Den Puderzucker in einer Pfanne bei mittlerer Hitze hell karamellisieren lassen; mit dem Essig ablöschen, auf gut die Hälfte einköcheln lassen (bei mittlerer Temperatur 20 bis 30 Sekunden), die Brühe hinzufügen, einmal aufkochen lassen und heiß über das Kraut gießen. Alles gut miteinander vermischen, 2 Esslöffel Öl hinzufügen und mit Salz, Pfeffer, Kümmel, Cayennepfeffer und gegebenenfalls mit noch etwas Zucker abschmecken.

• Den Speck in kleine Würfel schneiden. Das restliche Öl in einer Pfanne erhitzen und die Speckwürfel darin bei milder Hitze kross braten. Herausheben, auf Küchenkrepp abtropfen lassen und zum Krautsalat geben. Je nach Vorliebe können noch frische Kräuter hineingemischt werden.

Backhendl

• Eier, Mehl und Senf in einem tiefen Teller glatt verrühren und mit etwas Zitronensaft, Salz, Pfeffer und Muskat würzen. Weißbrotbrösel mit dem Bohnenkraut in einem weiteren tiefen Teller vermischen.

• Die Geflügelbrüste in 3 bis 4 cm breite Streifen schneiden, salzen, pfeffern und nacheinander zuerst in der Eier-Mehl-Mischung und dann in den Weißbrotbröseln wenden.

• Das Öl in einer Pfanne erhitzen und die panierten Geflügelstücke darin bei milder Hitze von beiden Seiten in insgesamt 4 bis 5 Minuten goldbraun ausbacken. Auf Küchenkrepp abtropfen lassen, leicht salzen und mit dem lauwarmen Krautsalat servieren.

GEBRATENES RINDERKOTELETT MIT MEERRETTICH UND SENF

FÜR 4 PERSONEN

1 Porterhouse-Steak oder T-Bone-Steak von ca. 700 g
Salz, schwarzer Pfeffer aus der Mühle
1 EL Öl
1–2 EL Butter
1 Scheibe Knoblauch
1 EL frisch geschnittene Kräuter (Petersilie, Kerbel, Basilikum)
frisch geriebener Meerrettich
scharfer Senf

- Den Backofen auf 100 °C vorheizen. Das Rinderkotelett salzen und pfeffern.
- Eine große ofenfeste Pfanne bei milder Temperatur erhitzen, das Öl hineingeben und das Rinderkotelett darin auf beiden Seiten anbraten; das Rinderkotelett im Ofen in 30 bis 40 Minuten rosa garen.
- Etwas Butter in einer Pfanne aufschäumen lassen, den Knoblauch einlegen, die Kräuter einstreuen, das Steak kurz darin wenden und nochmals etwas salzen und pfeffern. Auf einem vorgewärmten Teller anrichten und mit Meerrettich und scharfem Senf – ganz nach Geschmack – anrichten.
- Separat dazu kann schwarzer Pfeffer aus der Mühle und feines Meersalz, etwa »fleur de sel« und – ganz nach Geschmack – auch mildes Olivenöl gereicht werden.

BIERGULASCH

FÜR 4 PERSONEN

Gulasch

900 g Rinderwade
900 g Zwiebeln
2 EL Öl
1–2 TL Puderzucker
2 EL Tomatenmark
50 ml Oktoberfestbier
750 ml Geflügelbrühe
3 Knoblauchzehen
je 1 TL Kümmel und Majoran
2–3 Streifen unbehandelte Zitronenschale
1 EL edelsüßes Paprikapulver
Salz, Cayennepfeffer

- Das Rindfleisch von groben Sehnen befreien und in 3 bis 4 cm große Würfel schneiden. Die Zwiebeln schälen, halbieren und in Streifen schneiden.
- Das Öl in einem großen Schmortopf erhitzen und die Rindfleischwürfel darin portionsweise bei mittlerer Hitze rundherum anbraten; dann wieder herausnehmen. Den Puderzucker in den Topf streuen, hell karamellisieren lassen, die Zwiebeln darin glasig anschwitzen, das Tomatenmark hineinrühren und einige Minuten mitschwitzen. Mit Oktoberfestbier ablöschen, einkochen lassen, das Fleisch wieder in den Topf geben, mit der Brühe aufgießen und zugedeckt 3 Stunden mehr ziehen als köcheln lassen. Nach 2 bis 2 1/2 Stunden den Deckel abnehmen, damit die Sauce noch etwas einkochen kann.
- Die Knoblauchzehen schälen und mit Kümmel, Majoran und Zitronenschale fein hacken. Das Gulasch mit Paprika und dem Gulaschgewürz etwa 15 Minuten vor Garende würzen. Mit Salz und Cayennepfeffer abschmecken.

Hier werden die letzten schönen Altweibersommertage am Schliersee genossen.

APFELKÜCHERL IN BIERTEIG GEBACKEN

6 BIS 8 PORTIONEN

Bierteig

200 g Mehl
300 ml Bier
2 Eigelbe
1/2 TL abgeriebene Zitronenschale
je 1 Prise Zimt und Nelke
1 TL Vanillezucker
40 g braune Butter
1 Prise Salz
2 Eiweiß
20 g Zucker

Apfelküchlerl mit Rumsahne

4 mittelgroße Äpfel
Saft von 1/2 Zitrone
reichlich Butterschmalz oder Öl zum Frittieren
2 EL Zimt-Zucker
200 g Sahne
20 g Zucker
1–2 cl brauner Rum

Bierteig

• Mehl, Bier und Eigelbe glatt verrühren; Zitronenschale, Gewürze und den Vanillezucker hinzufügen und zuletzt die warme Butter hineinrühren. Das Eiweiß mit dem Salz zu einem cremigen Schnee schlagen, dabei den Zucker einrieseln lassen. Den Eischnee locker und gleichmäßig unter den Teig heben.

Apfelkücherl

• Die Äpfel schälen, mit einem Apfelausstecher das Kerngehäuse entfernen und die Äpfel in 1 cm dicke Scheiben schneiden. Mit Zitronensaft beträufeln. Die Apfelscheiben in den Bierteig tauchen und im heißen Fett langsam goldgelb ausbacken. Auf Küchenpapier abtropfen lassen und sofort leicht mit Zimt-Zucker bestreuen.

• Die Sahne mit dem Zucker sämig aufschlagen und den Rum hinzufügen. Die Apfelkücherl damit anrichten.

OKTOBER ERNTEDANK UND KIRCHWEIH

Am besten schmecken Erdäpfel, wenn man sie der Sau gibt und zu deren Schlachtfest kommt

Wenn ein wunderbarer Sommer vorüber und die Ernte eingefahren ist, wenn auf unseren herbstlichen Spaziergängen vor der Wirtshauseinkehr das Laub gold und gelb, rot und braun leuchtet, dann mischt sich in die Freude über die Schönheit der Natur auch unser Dank für ihre Fruchtbarkeit. Da der Mensch die Natur und deren Kreislauf nicht beeinflussen kann, ist er seit jeher tief dankbar, wenn sie ihm gnädig war und eine gute Ernte bescherte. Selbstverständlich dankten auch die Bayern einmal im Jahr feierlich, wenn ihnen die »Vater unser«-Bitte ums tägliche Brot erfüllt worden war. In katholischen Gegenden Deutschlands ist (seit 1972) am ersten Sonntag im Oktober Erntedankfest, in evangelischen am Michaelstag, am 29. September, oder einem der darumliegenden Sonntage.

Der Erzengel Michael galt als einer der wichtigsten Engel und Hauptkämpfer gegen den Teufel. Ludwig der Fromme, der Sohn Karls des Großen, bestimmte 813 den 29. September zum Gedächtnistag für den alttestamentarischen Oberfeldherrn der Engel, nicht zuletzt weil die Germanen an diesem Tag ihres Gottes Wotan gedachten. Der Erzengel wuchs dadurch in die Rolle eines Schutzpatrons der Deutschen und Namenspatrons des wackeren »deutschen Michel«, der allerdings nach der Französischen Revolution als biedere Schlafmütze belächelt wurde.

Die letzte Ernte wird bei zahlreichen Kirchweihfesten auch in Wirtshäusern zünftig gefeiert.

Für das Gaudium der Kinder ist mit der »Kirtahutschn«, einer großen Schaukel, gesorgt …

Kirchweihfeste allerorten

Das Erntedankfest-Brauchtum mit geflochtener Erntekrone für die Kirche und Erntekränzen über der Haustür blieb in Bayern gut erhalten. Dass der Dank lustvoll mit Speis und Trank abgestattet wird, versteht sich von selbst. Nun beginnen die deftigen Freuden der Schlachtfeste, bei denen auch wir Bayern die Kartoffeln der Preißn mögen – freilich nach dem Motto: Am besten schmecken Erdäpfel, wenn man sie der Sau gibt und zu deren Schlachtfest kommt.

Der krosse Braten und die rösche Haxe schmecken aber auch an Kirchweih und deren weltlicher Form: der »Kirmes«, die in Altbayern ein »Kirta« ist (ein Kirchtag). Die fand dann offiziell nach den Erntedankfeierlichkeiten statt – als rein weltliches Pendant zum religiösen Dankfest. Dazu vereint sich alles, was man hierzulande unter Jahrmarkt und Volksfest, Brauchtum und Sangesfreude, Folklore und feuchtfröhlichem Feiern versteht. Anlass zur Kirta bot nicht nur der Tag der Kirchweihe, sondern auch noch der Namenstag des Kirchenpatrons, so dass der bayerischen Obrigkeit in Orten mit mehreren Gotteshäusern zu viel gefeiert wurde. Deshalb verfügte sie eine gemeinsame Herbstkirmes in Verbindung mit dem Erntefest oder begrenzte die Lustbarkeit auf zweimal im Jahr – was in Franken und in der Oberpfalz weitgehend ignoriert wurde. Wenn die Bauern nach schwerer Feldarbeit endlich Grund zum Feiern hatten, wehte oben auf dem Kirchturm das »Zacherl«, die rotweiße Kirtafahne, und bogen sich unten die Tischbalken und die Tanzdielen im nicht enden wollenden Vergnügen. Denn es galt das Motto: »A richtiger Kirta dauert bis zum Irda, wann sich's tuat schicka, aa bis zum Migga …« Für Preißn: Irda ist der Dienstag, Migga der Mittwoch.

… und natürlich kommt auch das leibliche Wohl nicht zu kurz.

BRAUN EINGEMACHTES HIRSCHWILD

FÜR 4 PERSONEN

Hirschwild

- 1,5 kg Hirschfleisch aus der Schulter
- 400 g Knollensellerie
- 1 Karotte
- 1 Petersilienwurzel
- 4 mittelgroße Zwiebeln
- 1–2 EL Öl
- 2 EL Tomatenmark
- 400 ml Rotwein
- 8 cl Cognac
- 1 l Geflügelbrühe
- 1 Lorbeerblatt
- 1/2 TL schwarze Pfefferkörner
- 5 Wacholderbeeren, leicht angedrückt
- 5 Pimentkörner
- 1 halbierte Knoblauchzehe
- 1 Scheibe Ingwer
- 1 Streifen Orangenschale
- 1 TL Puderzucker
- 5 EL Rotweinessig
- 10 g Zartbitterschokolade
- 1 EL Johannisbeergelee
- Salz, schwarzer Pfeffer aus der Mühle
- 20 g Butter

Garnitur

- 80 g kleine, kernlose grüne Weintrauben
- 4 dünne gut durchwachsene Speckscheiben (60 g)
- 1 TL Öl
- 2 Toastbrotscheiben
- 50 g Butter
- 40 g Walnusshälften

Hirschwild

• Das Hirschfleisch von Sehnen befreien; das Fleisch in 3 bis 4 cm große Würfel schneiden. Sellerie, Karotte, Petersilienwurzel und Zwiebeln schälen und in 2 cm große Würfel schneiden.

• Das Öl in einem weiten Topf erhitzen und das Fleisch bei mittlerer Hitze von allen Seiten anbraten. Das Gemüse mit dem Tomatenmark hineinrühren, etwas anrösten lassen, mit Rotwein und Cognac ablöschen und die Flüssigkeit sirupartig einkochen lassen. So viel Brühe aufgießen, bis die Fleischstücke damit gut bedeckt sind. Das Hirschfleisch zugedeckt in etwa 2 Stunden bei milder Hitze knapp unter dem Siedepunkt weich schmoren. Nach 1 1/2 Stunden Lorbeer, Pfefferkörner, Wacholder und Pimentkörner dazugeben und weitere 30 Minuten schmoren.

• Die geschmorten Fleischstücke anschließend aus dem Topf nehmen. Die Sauce durch ein Sieb in einen Topf abgießen, dabei das Gemüse mit einem Kochlöffel ausdrücken; die Sauce je nach Konsistenz noch etwas einkochen lassen. Knoblauch, Ingwer und Orangenschale einlegen, einige Minuten darin ziehen lassen und wieder entfernen.

• Den Puderzucker in einer Pfanne bei mittlerer Hitze hell karamellisieren lassen; mit dem Essig ablöschen und auf die Hälfte einkochen lassen.

• Die Schokolade in die Sauce hineinschmelzen lassen, mit Johannisbeergelee, Salz, Pfeffer und der Essigreduktion abschmecken und zuletzt die Butter hineinschmelzen lassen. Das Fleisch in die Sauce legen und alles nochmals erwärmen. Je nach Geschmack noch mit etwas Sahne verfeinern.

Garnitur

• Die Weintrauben waschen, abtropfen lassen, eventuell enthäuten und je nach Größe halbieren. Die Speckscheiben in 1 bis 2 cm breite Streifen schneiden und in einer Pfanne bei mittlerer Hitze im Öl kross braten; herausheben und auf Küchenkrepp abtropfen lassen. Das Toastbrot entrinden, in 1 cm große Würfel schneiden und in einer Pfanne bei milder Hitze mit 40 g Butter goldbraun rösten; ebenfalls auf Küchenkrepp abtropfen lassen. Die Walnusshälften je nach Größe halbieren.

• Die Weintrauben in einer Pfanne bei milder Hitze in 10 g Butter anschwitzen, Speck und Walnusshälften hinzufügen und mit den Croûtons auf das eingemachte Hirschwild streuen.

KÜRBISSPÄTZLE

FÜR 4 PERSONEN

100 ml Brühe
500 g Kürbis
Salz, schwarzer Pfeffer aus der Mühle
etwas frisch geriebene Muskatnuss
450 g doppelgriffiges Mehl
2 Eier
2 Zwiebeln
20 g Butter
1 Prise Zucker
200 g geriebener Emmentaler
50 g klein gewürfelter Romadur
2 EL gebräunte Butter
Schnittlauchröllchen

• Die Brühe durch ein Sieb in einen Topf abgießen; den gekochten Kürbis mit einem Stabmixer pürieren, mit Salz, Pfeffer und Muskat würzen und abkühlen lassen. Die Kürbismasse mit dem Mehl und den Eiern zu einem glatten Teig verarbeiten; zugedeckt 15 Minuten ruhen lassen.

• Inzwischen die Zwiebeln schälen und in Streifen schneiden. Die Butter in einer Pfanne erhitzen und die Zwiebeln darin bei milder Hitze mit einer kleinen Prise Zucker gleichmäßig bräunen. Den Backofen auf 160 °C vorheizen.

• Reichlich Salzwasser zum Kochen bringen. Den Spätzleteig portionsweise auf ein feuchtes Holzbrett streichen und mit einer langen Palette in schmale Streifen in das Wasser schaben oder durch eine Spätzlepresse hineindrücken. Die Spätzle jeweils etwa 3 bis 4 Minuten kochen, bis sie an die Oberfläche steigen.

• Dann mit dem Schaumlöffel herausheben und lagenweise mit beiden Käsesorten in eine Auflaufform schichten. Zwischen den Arbeitsvorgängen warm stellen. Die Oberfläche ebenfalls mit Käse bestreuen und für 10 Minuten im Ofen gratinieren lassen. Zum Anrichten mit der warmen gebräunten Butter beträufeln, die gebräunten Zwiebeln darüber verteilen und mit frisch geschnittenem Schnittlauch bestreuen.

Auch diese Tradition, die dank der Trachtenvereine weiterlebt, gehört zu einer Kirchweih: Bayerische Tänze werden bereits von der Jugend geübt und zum Besten gegeben.

EINTOPF VOM KIRCHWEIHGANSERL

FÜR 4 PERSONEN

2 Gänsekeulen
1 kleine Petersilienwurzel
1 kleine Karotte
1 Stange Staudensellerie
1 weiße Zwiebel
1 mittelgroße, fest kochende Kartoffel
1/2 Zucchini
50 g feine grüne Bohnen
Salz
1 TL schwarze Pfefferkörner
5 Pimentkörner
1 l Geflügelbrühe
1 Lorbeerblatt
1/2 Knoblauchzehe
1 Streifen Zitronenschale
1 Scheibe Ingwer
1 Prise Cayennepfeffer
1 Zweig Bohnenkraut
etwas frisch geriebener Meerrettich

• Die Gänsekeulen enthäuten. Petersilienwurzel und Karotte schälen, den Staudensellerie putzen und waschen und alles in Scheiben schneiden. Die Zwiebel schälen und in 1 cm große Blätter schneiden. Die Kartoffel schälen und würfeln. Die Zucchini waschen, längs vierteln und quer in Scheiben schneiden. Von den grünen Bohnen die Enden abknipsen und in 2 cm lange Stücke schneiden. Die Bohnen in kochendem Salzwasser nicht allzu bissfest garen, herausheben, mit kaltem Wasser abschrecken und in einem Sieb abtropfen lassen. Pfeffer- und Pimentkörner in einen kleinen Einwegteebeutel füllen und verschließen.

• Die Brühe in einem Topf aufkochen, die Keulen einlegen und knapp unter dem Siedepunkt in etwa 1 Stunde darin weich garen. Nach 30 Minuten Kartoffeln, Zwiebeln, Karotten und Petersilienwurzel dazugeben, nach weiteren 15 Minuten Staudensellerie, Lorbeer und das Gewürzsäckchen einlegen.

• Die Keulen aus dem Topf nehmen, die Knochen auslösen, das Fleisch zerkleinern und wieder in den Eintopf zurückgeben.

• Zum Schluss Knoblauch, Zitronenschale, Ingwer, Cayennepfeffer und Bohnenkraut hinzufügen und einige Minuten darin ziehen lassen. Anschließend Lorbeerblatt, Gewürzsäckchen, Knoblauch, Zitronenschale und Ingwer wieder entfernen. Den Eintopf mit Salz und Cayennepfeffer abschmecken.

• Als Garnitur kann man frischen Meerrettich auf den Eintopf hobeln.

Info

Was wäre wohl eine Kirchweih ohne Kirchweihganserl? Früher wurden zu diesem Fest alle Dienstboten zu einem gemeinsamen opulenten Essen eingeladen – das war sozusagen der Dank des Bauern oder der Herrschaft an alle Mitarbeiter für die Dienste, die sie über das gesamte Jahr geleistet hatten. Und an diesem Tag durften sich dann alle satt essen. Die Kirchweihgans gehört genauso dazu wie Schmalznudeln als üppiger und krönender Abschluss eines solchen Mahls. Getrunken wurde dazu – wie könnte es anders sein – ein schönes kühles Bier. Oder auch zwei …

TRAUBENKUCHEN MIT SAUERRAHMSAUCE

FÜR 4 PERSONEN

Teig

150 g Zucker
160 g Mehl
3/4 EL Backpulver
150 g neutrales Pflanzenöl
3 Eier
1 Msp. Vanillemark
1/2 TL abgeriebene Orangenschale
150 ml Orangenlimonade
weiche Butter und Mehl für das Blech
350 g kleine kernlose Weintrauben

Belag

800 g Sahne
300 g Sauerrahm
70 g gesiebter Puderzucker
3 EL Zimt-Zucker

Teig

- Zucker, Mehl und Backpulver vermischen; Öl und Eier unterrühren, Vanillemark und Orangenschale untermischen und zum Schluss die Orangenlimonade dazugießen. Alles zu einem glatten Teig verrühren.
- Den Backofen auf 180 °C vorheizen.
- Ein Backblech mit der Butter bestreichen und mit Mehl bestäuben. Den Teig gleichmäßig darauf verstreichen. Die gewaschenen und abgetropften Weintrauben darauf verteilen.
- Den Kuchen in 25 bis 30 Minuten im Ofen goldbraun backen. Herausnehmen, auskühlen lassen und einen eckigen Tortenrand so darauf stellen, dass die Teigränder außerhalb davon sind.

Belag

- Die Sahne schlagen. Sauerrahm und Puderzucker gut verrühren. Die Sahne vorsichtig unterheben und auf dem Kuchen glatt verstreichen. Mit Zimt-Zucker bestäuben und am besten im Kühlschrank einen Tag durchziehen lassen. Vor dem Servieren den Tortenrand lösen und den Kuchen in Stücke schneiden.

Noch immer werden in vielen ländlichen Gemeinden die Braufässer mit Hilfe von stattlich geschmückten Pferdewägen von der Brauerei an ihren Bestimmungsort gebracht – zur Begeisterung aller, die sich an diesem festlichen Umzug erfreuen können.

ROHRNUDELN MIT HOLLER-BIRNEN-RÖSTER

FÜR 8–10 PERSONEN

Holler-Birnen-Röster

- 200 g reife Holunderbeeren
- 1 Birne, ca. 200 g
- 200 g Zwetschgen
- 10 g Speisestärke
- 200 ml Rotwein
- 100 g Zucker
- 1/2 Vanilleschote
- je 1 Streifen Zitronen- und Orangenschale
- 2 cm Zimtrinde
- 1 TL Zitronensaft

Rohrnudeln

- 250 ml Milch
- 40 g Hefe
- 600 g Mehl
- 100 g Zucker
- 4 Eigelbe
- 1 EL Mandellikör
- 1 EL Rum
- 1 Prise Salz
- 1 Msp. Vanillemark
- 1 Msp. abgeriebene Zitronenschale
- 100 g weiche Butter + 120 g Butter für die Form
- Puderzucker zum Bestäuben

Holler-Birnen-Röster

• Die Holunderbeeren waschen und verlesen. Die Birne schälen, halbieren, entkernen und in Scheiben schneiden. Die Zwetschgen waschen, halbieren, entsteinen und ebenfalls in Spalten schneiden.

• Die Speisestärke mit 2 Esslöffeln Rotwein glatt verrühren.

• Den Zucker in einen Topf streuen und bei milder Hitze hell karamellisieren lassen; mit dem restlichen Rotwein ablöschen und aufkochen lassen. Die angerührte Speisestärke mit einem Schneebesen einrühren und bei milder Hitze 4 bis 5 Minuten köcheln lassen.

• Die aufgeschlitzte Vanilleschote, Zitrusschalen, Zimt und Holunderbeeren einrühren, Birnen und Zwetschgen dazugeben und alles miteinander kurz weich dünsten. Mit Zitronensaft abschmecken und lauwarm auskühlen lassen. Dann die Gewürze entfernen.

Rohrnudeln

• Die Milch auf 30 °C erwärmen und die Hefe darin auflösen. Das Mehl in eine Schüssel geben, die Milch-Hefe-Flüssigkeit dazugießen und zusammen mit dem Zucker, Eigelben, Mandellikör, Rum, Salz, Vanillemark und Zitronenschale verkneten; dann die weiche Butter einarbeiten und alles zu einem glatten, geschmeidigen Teig verkneten. Mit einer Folie abdecken und an einem warmen Ort 1/2 Stunde gehen lassen. Dann den Teig nochmals kurz kneten und erneut gehen lassen.

• Den Teig aus der Schüssel nehmen, nochmals kneten, in walnussgroße Stücke teilen und daraus Kugeln formen.

• Die restliche Butter bei milder Hitze schmelzen lassen, die Kugeln darin wenden und nebeneinander in eine entsprechend große ofenfeste Form geben. Den Teig weitere 15 Minuten gehen lassen. Inzwischen den Backofen auf 180 °C vorheizen.

• Die Rohrnudeln auf der mittleren Einschubleiste in ca. 35 Minuten goldbraun backen. Aus dem Ofen nehmen, leicht abkühlen lassen, noch warm auseinander brechen, auf Teller geben, mit Puderzucker bestäuben und mit dem Holler-Birnen-Röster umgießen. Gleich servieren.

NOVEMBER
LEONHARDIRITT

320 PS für den boarischen Herrgott

Unter den Heiligen ist er der Patron der Landwirte und Viehzüchter, in Bayern wurde er auch liebevoll Rossheiliger und fast schon gotteslästerlich »boarischer Herrgott« genannt: Sankt Leonhard sind in Bayern besonders viele Kirchen und Kapellen geweiht, die erste 1184 in Kreuth. Die Leonhardskirche in Inchenhofen bei Aichach war zeitweilig viertgrößtes Wallfahrtsziel der Welt – nach Jerusalem, Rom und Santiago di Compostela. An diese Zeit erinnert der »Leonhardsnagel«, der im Barock von Pilgern auf den Schultern um das Gotteshaus getragen wurde: 90 cm lang und 20 cm dick, wog er immerhin fast zweieinhalb Zentner. Das Leben des Heiligen ist nur bruchstückhaft bekannt: Sohn einer geachteten fränkischen Familie, erzogen am Hof des Frankenkönigs Chlodwig, Mönch beim hl. Remigius (dem Bischof von Reims), nach 500 Einsiedler im Wald. Wegen seiner erstaunlichen Naturkenntnisse konnte er den Bauern bei Krankheiten und Seuchen ihrer Tiere helfen und war weitherum gefragt. Er kümmerte sich auch sehr um das Schicksal Gefangener und deren gerechte Behandlung. Außerdem soll er einer Merowingerkönigin bei einer schwierigen Geburt während einer Jagd als Nothelfer das Leben gerettet haben. Seine Einsiedelei wurde nach seinem Tod am 6. November 559 zum Kloster ausgebaut. Die Legende des ebenso frommen wie vielseitigen Franken beeindruckte ganz besonders die Bayern, Schwaben und Österreicher.

Segnung der Rösser

Heute erinnern die Leonharditritte am 6. November, seinem Todes- und Festtag, an die außerordentliche Beliebtheit des Heiligen und an jene Zeit, als man auf dem Lande noch von den natürlichen Pferdestärken abhängig war. Aus dieser Zuneigung stammt auch die Bedeutung des Hufeisens als Glückssymbol. Wer es noch heute dafür hält, sollte es so aufbewahren, dass seine Öffnung nach oben zeigt und das Glück nicht hinausfallen kann.

Der älteste nachweisbare Leonhardiritt in Bayern fand 1469 in Kreuth

Links: Ein Festtag mit besonders langer Tradition: Am Leonharditag sitzen die Mannsbilder hoch zu Ross, die Weiberleut festlich geschmückt in prachtvollen Kutschen.

statt. Fischhausen am Schliersee, Nussdorf, Fürstenfeldbruck und Benediktbeuren folgten. Als eindrucksvollste Erinnerung an den Rossheiligen gilt heute die Leonhardifahrt in Bad Tölz. Dort ziehen etwa 80 festlich herausgeputzte Vierergespanne mit Reitern, Kutschern und Fuhrleuten in Tracht über die Marktstraße zum Kalvarienberg hinauf, wo der Pfarrer eine Messe zu Ehren Sankt Leonhards liest und nach alter Sitte Ross und Reiter segnet. Frauen in Festtracht dürfen auf alten, mit religiösen Motiven bemalten »Truhenwagen« mitfahren. Und anschließend lässt sich in den Wirtshäusern erleben, wie der boarische Herrgott gefeiert wird ...

ST. MARTIN

Der Heilige mit der Schnapszahl

Erst Soldat, dann Geistlicher – und Inbegriff des guten Menschen. Geboren 316 oder 317 als Sohn eines römischen Offiziers im heutigen Ungarn, wurde er mit 15 Soldat und diente in der berittenen kaiserlichen Leibgarde. Als 18-jähriger Gardeoffizier kam er nach Amiens in Nordfrankreich. Dort zerschnitt er an einem bitterkalten Wintertag seinen Militärmantel in zwei Hälften, gab die eine einem erbärmlich frierenden Bettler und warf sich die andere über.

Die gute Tat trug ihm das Gelächter der Umstehenden wegen seines komischen Anblicks und drei Tage Arrest wegen mutwilligen Beschädigens von Militäreigentum ein. Nachdem er nachts im Traum Jesus in dem halben Mantel gesehen hatte, beschloss er, Christ zu werden, und erklärte seinen Abschied vom Militär spontan gleich Kaiser Julian, als der in einem Heerlager vor Worms Heldentaten ehrte.

Martin wurde Priester, Gründer des ersten Mönchsklosters in Gallien und 371 Bischof von Tours. Berichte über sein asketisches Leben und mutiges Engagement für Gerechtigkeit machten ihn so populär, dass seine Grabstätte bald zum (nach Rom) zweithäufigst besuchten Wallfahrtsort wurde. König Chlodwig erhob ihn zum Schutzpatron der fränkischen Könige, die seinen halben Mantel zum siegbringenden »Reichskleinod« erhoben und in ihren Schlachten mitführten.

Der Tag seiner Beerdigung, der 11. November (im Jahr 379), wurde zum Martinstag mit zahlreichen auch heute noch gefeierten Bräuchen. Am Elften im Elften endete einst das bäuerliche Wirtschaftsjahr (mit entsprechender Feier, Pachtzahlung, Gesindewechsel) und beginnt heute der Karneval. Mit dem Tag sind auch Martinsumzüge der Kinder mit Laternen, Martinssingen oder Martinsfeuer verbunden – sowie die Martinsgans. Der Vogel, seit jeher als Festbraten im November schlachtreif und ehedem Teil der Pachtleistung, wurde durch unterhaltsame Legenden mit dem Heiligen verbunden: Mal sollen ihn die Gänse durch ihr Geschnatter verraten haben, als er sich versteckte, um nicht Bischof werden zu müssen, mal sollen sie ihn heftig beim Gottesdienst gestört haben ...

Ein Heiliger, zu dessen Ehren ein Vogel köstliche Gaumenfreuden verspricht.

GEBRATENE GANS MIT GEWÜRZBLAUKRAUT

FÜR 4 PERSONEN

Gans

1 Zwiebel und 1 Apfel
1 Gans
Salz, schwarzer Pfeffer aus der Mühle
500 ml Geflügelbrühe

Sauce

2 Zwiebeln
1 Karotte
150 g Knollensellerie
1 TL Puderzucker oder Zucker
1 TL Tomatenmark
400 ml Rotwein
500 ml Geflügelbrühe
1/2 Apfel
1/4 TL getrockneter Majoran
je 2 Scheiben Knoblauch und Ingwer
1 Streifen unbehandelte Orangenschale
Salz
30 g Butter

Gewürzblaukraut

800 g geputztes, entstrunktes Blaukraut
1 EL Puderzucker
200 ml Rotwein
100 ml roter Portwein
125 ml Gemüsebrühe
3 EL Apfelmus
1 Lorbeerblatt
5 Pimentkörner
1/2 TL schwarze Pfefferkörner
etwas Zimtrinde
1/2 getrocknete Vanilleschote
2 Zacken Sternanis
1 reife Birne
50 ml Holundersaft
1 Streifen Orangenschale
1 Scheibe Ingwer
1/2 TL gehackte Zartbitterkuvertüre
2–3 EL Apfelmus
2 EL kalte Butter
Salz, Zucker
1 EL milder Balsamicoessig

Gans

- Backofen auf 140 °C vorheizen. Die Zwiebel schälen, den Apfel waschen und beides in grobe Würfel schneiden. Von der Gans die Flügelknochen und den Hals abschneiden, innen und außen waschen, trockentupfen, salzen und pfeffern und die Bauchhöhle mit dem Zwiebel-Apfel-Gemisch füllen. Die Gans in eine Reine setzen, die Geflügelbrühe angießen, den Deckel aufsetzen und in ca. 4 1/2 Stunden hell garen. Dabei austretendes Fett zwischendurch abschöpfen und aufheben.

Sauce

- Das Gemüse schälen und in 1 bis 2 cm große Würfel schneiden.
- Von der Gans Brüste und Keulen auslösen (entlang der Karkasse) und aus den Keulen den Oberschenkelknochen entfernen. Die Fülle aus der Bauchhöhle entfernen. Die Karkasse mit den Flügelknochen und dem Hals klein hacken.
- Den Puderzucker bzw. Zucker in einem breiten Topf bei mittlerer Hitze karamellisieren lassen; dann sämtliche Knochen dazugeben, kurz anrösten, das Tomatenmark hineinrühren und mit der Hälfte des Rotweins ablöschen. Den Rotwein sirupartig einkochen lassen und den Vorgang mit dem restlichen Rotwein wiederholen. Das Gemüse hinzufügen, die Gans-Schmorbrühe aufgießen; 30 Minuten sanft köcheln lassen.
- Den Apfel waschen, entkernen und in Scheiben schneiden; nach 15 Minuten Garzeit mit dem Majoran, Knoblauch, Ingwer und der Orangenschale in die Sauce geben.
- Nach Beendigung der Garzeit die Sauce durch ein feines Sieb in einen Topf abgießen und auf die Hälfte einkochen lassen. Mit Salz abschmecken und die Butter mit etwas Gänsefett hineinschmelzen lassen.

Gewürzblaukraut

- Das Blaukraut in feine Streifen hobeln. Den Puderzucker in einem Topf hell karamellisieren lassen, Rotwein und Portwein dazugießen und auf 1/3 der Menge einkochen lassen. Gemüsebrühe und Blaukraut hinzufügen und ca. 1 1/2 Stunden zugedeckt bei geringer Hitze mehr ziehen als köcheln lassen; gelegentlich umrühren.
- Nach 1 Stunde das Lorbeerblatt einlegen. Piment, Pfeffer, Zimt, Vanille und Sternanis in einen Einwegteebeutel füllen und in das Kraut legen. Die Birne schälen, vierteln, entkernen, in schmale Spalten schneiden und etwa 10 Minuten vor Garzeitende mit Holundersaft, Orangenschale, Ingwer, Kuvertüre und Apfelmus zum Blaukraut geben. Dann alle ganzen Gewürze samt Gewürzsäckchen herausnehmen. Die Butter in das Kraut hineinschmelzen lassen und mit Salz, Zucker und Balsamico abschmecken.

Fertigstellung

- Die Grillfunktion des Backofens einschalten. Die Gänsebrüste und -keulen mit der Hautseite nach oben in ein tiefes Blech legen, etwas Brühe angießen und auf der untersten Einschubleiste unter dem Grill in etwa 15 Minuten kross werden lassen.

WINTER

ROTE-BETE-MEERRETTICH-TERRINE MIT FORELLENFILET

TERRINE: 30 PORTIONEN
MIT FISCH: 4 PORTIONEN

Rote-Bete-Schicht

1/2 kg Rote Bete
Salz
1/2 TL Kümmelsamen
1/2 Zwiebel
350 ml Gemüsebrühe
1 EL Öl
3 EL Rotweinessig
1–2 EL milder Balsamicoessig
1 TL scharfer Senf
5 EL mildes Olivenöl
schwarzer Pfeffer aus der Mühle
1 Prise Zucker
1 Prise Kümmel
1 Prise Cayennepfeffer
1 Knoblauchzehe in Scheiben
einige Thymianzweige
10 Blatt Gelatine

Meerrettichmousse

250 ml Gemüsebrühe
1 Scheibe Ingwer
1 Streifen Zitronenschale
1 Scheibe Knoblauch
4,5 Blatt Gelatine
50 g Sahnemeerrettich aus dem Glas
150 g Sahne
etwas Zitronensaft
Salz, Cayennepfeffer

Forelle und Fertigstellung

4 Forellenfilets
1 EL Öl
Salz, schwarzer Pfeffer aus der Mühle
3 EL mildes Olivenöl
1–2 TL Zitronensaft
1/2 TL abgeriebene Zitronenschale
einige kleine Salatblätter
1 EL Schnittlauchröllchen

Rote Bete

- Die Rote Bete im Salz-Kümmel-Wasser weich kochen, schälen und in etwa 2 mm dicke Scheiben schneiden. Die Zwiebel klein würfeln. Die Gemüsebrühe erwärmen.
- Das Öl in einem Topf erhitzen, die Zwiebeln darin glasig anschwitzen und dann zu den Rote-Bete-Scheiben geben.
- Die warme Brühe mit beiden Essigsorten, Senf und Olivenöl mixen. Mit Salz, Pfeffer, Zucker, Kümmel und Cayennepfeffer kräftig würzen; dann die Knoblauchscheiben mit dem Thymian einlegen, 10 Minuten ziehen lassen und alles über die noch warmen Rote Bete gießen. Einige Stunden marinieren lassen und nachwürzen.
- Die Rote Bete in ein Sieb abgießen, dabei Knoblauch und Thymian entfernen; dann in eine Schüssel geben. Die aufgefangene Marinade leicht erwärmen. Die in wenig kaltem Wasser eingeweichte und gut ausgedrückte Gelatine darin auflösen und die Flüssigkeit über die Rote Bete gießen.

Meerrettichmousse

- Die Brühe mit dem Ingwer aufkochen, den Topf vom Herd nehmen, Zitronenschale und Knoblauch einlegen und einige Minuten darin ziehen lassen; dann sämtliche Gewürze herausnehmen.
- Die Gelatine in kaltem Wasser einweichen, gut ausdrücken und in der warmen Brühe auflösen. Den Meerrettich hineinrühren und die Masse auf Eiswasser so lange kalt rühren, bis sie zu gelieren beginnt. Die Sahne halbsteif schlagen, unterheben und mit Zitronensaft, Salz und Cayennepfeffer abschmecken.

Terrine einsetzen

- Eine Terrinen- oder Kastenkuchenform von 1,5 l Fassungsvermögen mit Öl einpinseln, mit Klarsichtfolie auslegen, die Hälfte der Roten Bete gleichmäßig darin verteilen. Mit der Marinade übergießen, bis die Scheiben fast bedeckt sind; die Terrine kalt stellen, bis sie halbfest ist – nicht allzu fest werden lassen, damit die nächste Schicht darauf hält. Das Meerrettichmousse einfüllen, ebenfalls halbfest werden lassen und die zweite Hälfte der Roten Bete samt Marinade einfüllen. Etwa 6 Stunden im Kühlschrank durchziehen lassen. Dann mit Hilfe der Folie stürzen und mit einem Elektromesser in Scheiben schneiden.

Forelle und Fertigstellung

- Die Forellenfilets in einer Pfanne bei milder Hitze im Öl in 2 bis 3 Minuten auf der Hautseite kross anbraten, mit Salz und Pfeffer würzen.
- Olivenöl, Zitronensaft und -schale verrühren und leicht salzen und pfeffern.
- Je 1 Forellenfilet mit 1 schräg halbierten Terrinenscheibe auf einen flachen Teller legen, das Zitronenöl darüber und außenherum träufeln und mit einigen kleinen Salatblättern garniert und mit Schnittlauch bestreut servieren.

GEBACKENE RINDERBACKERL AUF SAUREM KARTOFFELGEMÜSE

FÜR 4 PERSONEN

Gebackene Rinderbackerl

1 geschälte Zwiebel
1 Lorbeerblatt
2 Gewürznelken
4 große Rinderbackerl
1,6 l Geflügelbrühe
1 halbierte Knoblauchzehe
1 Scheibe Ingwer
1 getrocknete Chilischote
2 Eier
1 TL abgeriebene Zitronenschale
1/2–1 TL scharfer Senf
Salz, Pfeffer aus der Mühle
100 g doppelgriffiges Mehl
100 g Weißbrotbrösel
100 ml Öl
1 EL Butter

Saures Kartoffelgemüse

500 g kleine Kartoffeln
150 g Knollensellerie
2 kleinere Karotten
450 ml Geflügelbrühe
1 kleines Lorbeerblatt
1 Streifen unbehandelte Zitronenschale
1 Zweig Thymian
100 g Sauerrahm
1–2 EL Weißweinessig
Salz, schwarzer Pfeffer aus der Mühle
1 TL Zucker
1 EL Petersilie, frisch geschnitten

Rinderbackerl

- Die Zwiebel mit einem Lorbeerblatt belegen und mit den Gewürznelken befestigen. Die Rinderbackerl putzen und mit der gespickten Zwiebel in der Brühe knapp unter dem Siedepunkt in etwa 2 1/2 Stunden weich ziehen lassen, den dabei aufsteigenden Schaum abschöpfen. 15 Minuten vor Ende der Garzeit Knoblauch, Ingwer und Chilischote einlegen. Dann die Gewürze entfernen und die Backerl in der Brühe auskühlen lassen. Herausnehmen und in 1 cm dicke Scheiben schneiden. Die Brühe durch ein Sieb gießen.
- Eier, Zitronenschale und Senf verquirlen und mit Salz und Pfeffer würzen. Die Fleischscheiben zuerst im doppelgriffigen Mehl wenden, dann durch die Eimasse ziehen und anschließend in den Weißbrotbröseln wenden.
- Das Öl in einer Pfanne erhitzen und die panierten Backerl darin auf beiden Seiten bei milder Hitze goldbraun backen, zuletzt ein kleines Stück Butter hineinschmelzen lassen.

Saures Kartoffelgemüse

- Kartoffeln, Knollensellerie und Karotten schälen und in 2 bis 3 mm dicke Scheiben schneiden. Die Selleriescheiben in 1,5 bis 2 cm große Stücke schneiden.
- Die Brühe mit einem Lorbeerblatt aufkochen und das Gemüse darin in etwa 20 Minuten so weich kochen, dass es nicht zerfällt. Gegen Ende der Garzeit Zitronenschale und Thymian einige Minuten darin mitziehen lassen und dann wieder herausnehmen.
- 1/4 des Gemüses mit dem Sauerrahm pürieren und vorsichtig mit dem restlichen Kartoffelgemüse vermischen. Mit Weinessig, Salz, Pfeffer und Zucker herzhaft abschmecken und mit der Petersilie bestreuen.

GEGRILLTES SCHWEINEKOTELETT MIT WEISSBIERKRAUT UND KARTOFFELSCHMARREN

FÜR 4 PERSONEN

Weißbierkraut

1 große Zwiebel
1–2 EL Puderzucker
100 ml Weißbier
1 kg Sauerkraut
500 ml Geflügelbrühe
80 g Räucherspeckschwarte
1/2 TL schwarze Pfefferkörner
3 Wacholderbeeren
1 Lorbeerblatt
4 EL Apfelmus
2 EL kalte Butter
Salz, Cayennepfeffer
1 Prise Zucker

Kartoffelschmarren

500 g gekochte, geschälte, ausgekühlte Kartoffeln
1 Zwiebel
1–2 EL Öl
Salz, schwarzer Pfeffer aus der Mühle
je 1 Prise Kümmel und Majoran
1 EL gebräunte Butter

Schweinekotelett

1/2–1 EL Öl
4 Schweinekoteletts
2 EL Butter
1 Knoblauchzehe in Scheiben
1 Scheibe Ingwer
1 Zweig Rosmarin
Salz, schwarzer Pfeffer aus der Mühle

Weißbierkraut

• Die Zwiebel schälen und klein würfeln. Den Puderzucker in einem Topf bei milder Hitze hell karamellisieren lassen und die Zwiebeln darin glasig anschwitzen. Mit dem Weißbier ablöschen und dieses weitgehend einkochen lassen.

• Das Sauerkraut dazugeben und etwas andünsten. Mit der Gemüsebrühe auffüllen, die Speckschwarte einlegen und alles knapp unter dem Siedepunkt etwa 40 Minuten schmoren lassen. Pfefferkörner, Wacholderbeeren und Lorbeerblatt in ein Gewürzsäckchen füllen und nach 20 Minuten dazugeben.

• Am Ende der Garzeit Speck und Gewürze herausnehmen, das Apfelmus mit der Butter hineinrühren und mit Salz, Cayennepfeffer und Zucker abschmecken.

Kartoffelschmarren

• Die Kartoffeln grob zerdrücken; die Zwiebel schälen und klein würfeln. Das Öl in einer Pfanne erhitzen und die Kartoffeln und Zwiebeln darin bei mittlerer Hitze hell anbräunen. Mit Salz, Pfeffer, Kümmel und Majoran würzen und zuletzt die gebräunte Butter hinzufügen.

Schweinekotelett

• Das Öl in einer Pfanne erhitzen und die Schweinekoteletts darin bei mittlerer Hitze auf beiden Seiten in 6 bis 8 Minuten saftig braten. Die Butter in einer anderen Pfanne bei milder Hitze aufschäumen lassen, Knoblauch, Ingwer und Rosmarin einlegen und die Koteletts darin wenden; dann salzen und pfeffern. Die Koteletts mit dem Weißbierkraut und Kartoffelschmarren anrichten.

DEZEMBER
ADVENT UND CHRISTFEST

Ein bayerischer Sprüchemacher bescherte die Weihnacht

Der Geburtstag des Christkinds ist unbekannt, denn die ersten Christen berichteten vor allem vom Tod und der Auferstehung ihres Herrn. Spätere römische Christengenerationen feiern die Geburt seit 336 am 25. Dezember. Dem schließen sich 831 die missionierten Germanen an. Die heilige Nacht der Geburt Christi, im Lateinischen die nox sancta, wurde zur Weihnacht eingedeutscht. Das Wort findet sich erstmals 1190 in diesem Vers eines bayerischen Sprüchemachers namens Spervogel:

Er ist gewaltic unde starc,
der ze wihen naht geboren wart:
daz ist der heilige krist.

Seit dem 14. Jahrhundert mehren sich die weihnachtlichen Gesänge im Gottesdienst, die Krippenfeiern und die künstlerischen Darstellungen der Geburt Christi. Um 1535 ersetzt Luther den Nikolaus als Geschenkbringer durch das Christkind. Im 18. Jahrhundert beginnt sich Weihnachten zum Familienfest zu entwickeln. Krippen und Lieder kommen aus der Kirche in die Wohnung. Katholiken finden Gefallen an typisch Evangelischem wie Christbaum und Turmblasen, Protestanten erwärmen sich für die Weihnachtskrippe. Das weltliche Wunschbild eines gelungenen Weihnachtsfests bildete sich im Biedermeier heraus: gemütvolles Fest in tief verschneiter Landschaft mit den großen Augen glücklicher Kinder und dem Idyll einer harmonischen Familie, die sich über Geschenke freut, festlich tafelt und gemeinsam zur Kirche geht. Die dazugehörigen Symbole der Wohlhabenden wurden durch den technischen Fortschritt jedem zugänglich: Die Eisenbahn brachte überall Weihnachtsbäume hin, und künstliches Wachs machte Christbaumkerzen billig.

Christkindlmärkte – hier der in Regensburg – erfreuen sich großer Beliebtheit, dank der kunstvollen Waren, aber auch der leckeren Süßigkeiten und heißen Glühweine.

Schmuck und Geschenke fürs Wiegenfest

Grün wie die Weihnachtstanne war schon im Mittelalter der Schmuck der Häuser und Kirchen vom ersten Advent bis Mariä Lichtmess und der »Paradiesbaum« neben dem Krippenspiel in der katholischen Kirche: Denn Grün drückte seit grauer Vorzeit die Hoffnung aus und symbolisierte das ersehnte Wiedererwachen der Natur. Der einst nur aus vier roten Äpfeln und Kerzen sowie Tannengrün gebildete altbairische »Paradeisl« wurde im Laufe der Zeit immer prächtiger. Vergoldete Nüsse, Süßigkeiten und Gebäck in silbriger oder goldiger Verpackung inspirierten zu Kugeln und anderem Christbaumschmuck.

So selbstverständlich wie heute die Bescherung war früher die Christmette. Wer zu krank oder zu alt für den Kirchgang der Familie war, bereitete daheim das Mettenmahl vor, meist eine Suppe. Sobald Glockengeläut und Böllerschüsse (die noch heute neben dem »Christkindl-Anschießen« in Berchtesgaden höchst eindrucksvoll üblich sind) das Ende der Messe verkündeten, tischte er auf. Wer es sich leisten konnte, aß Schweinebraten mit Klößen; traditionsreich ist auch das Kletzenbrot aus Roggenmehl und Dörrbirnen.

Untrennbar mit mehr oder weniger aufwändigen Geschenken für Alt und

Lichtspiele in Weihnachtskugeln.

Weihnachtliche Christmette.

Jung verbunden ist Weihnachten erst seit knapp 100 Jahren. Die Kinder bekamen zwar schon seit dem Mittelalter Süßigkeiten und Spielzeug, das vielfach auf den vorweihnachtlichen Märkten gekauft wurde, die Geschenkeflut ist jedoch jüngeren Datums. Die breitete sich im 14. Jahrhundert aus, als die Obrigkeit den Spielzeugmachern und Zuckerbäckern erlaubte, ihre Waren auf dem Marktplatz feilzubieten. Daraus entwickelten sich weltbekannte Attraktionen wie der Nürnberger Christkindlesmarkt (seit 1635) oder der Münchner Christkindlmarkt (1310).

Nikolaus und Krampus auf dem Weg zur Arbeit.

Mit dem Struwwelpeter wurde der Heilige kitschig

Der Nikolaus ist eine Legende, zu der das Wirken zweier frommer Männer verschmolz: Der eine Nikolaus war vermutlich im 4., der andere nachweislich im 6. Jahrhundert Bischof im kleinasiatischen Lykien (der heutigen südwestlichen Türkei). Er wurde dort seit dem 6., in Italien seit dem 9. und hierzulande seit dem 10. Jahrhundert allgemein als Heiliger verehrt. Und zwar so sehr, dass der Scherz aufkam: Wenn Gott stirbt, wählen wir den hl. Nikolaus zum Nachfolger. Seine zahlreichen Wunderwerke stilisierten ihn zum Helfer, Beschützer und Retter in der Not.

Bis zur Reformation brachte der Nikolaus am 6. Dezember die Geschenke, die es seither erst am 24. gibt: Denn Martin Luther ersetzte in seinem Kampf gegen die Heiligenverehrung den Nikolaus durch das Christkind und hatte damit auch bei den Katholiken Erfolg. Doch je mehr seine religiöse Bedeutung sank, umso volkstümlicher wurde der Nikolaus. Bis zum 17. Jahrhundert stellten ihm die katholischen Kinder ihre Schuhe voller Futter für seinen Esel vor die Haustür und fanden sie am Morgen mit Äpfeln, Nüssen und Mandeln vor. Danach verlagerte sich die Beschenkung ins Haus – vielfach mit einer Examinierung durch den Nikolaus verbunden, ob die Kinder fleißig, fromm und folgsam waren. Wenn nicht, strafte nicht der Nikolaus als Inbegriff des Guten, sondern sein Begleiter Knecht Ruprecht, der fürs Böse zuständig war und auch viele andere Namen hatte: Hans Muff, böser Klaus, Krampus ...

Seit der 1845 erschienene »Struwwelpeter« erstmals einen Nikolaus mit dem roten Mantel und der roten Mütze des Weihnachtsmanns auftreten ließ, begann die Verkitschung des Heiligen – bis hin zur Werbefigur für Coca-Cola, die der deutschstämmige Cartoonist Thomas Nast nach dem Vorbild des Pfälzer Pelzenickel zeichnete und die zum Symbol des vorweihnachtlichen Kaufrauschs wurde.

KARAMELL-BUTTERPLÄTZCHEN

FÜR 4 PERSONEN
50 g Zucker
40 g Eiweiß (von 1 großen Ei)
150 g sehr weiche, fast flüssige Butter
120 g Feinkristallzucker
Mark von 1/2 Vanilleschote
1 Prise Salz
1 Msp. abgeriebene Orange
150 g Mehl
30 g Speisestärke

- Den Zucker in einem Topf hell karamellisieren lassen; die Masse zwischen zwei Blatt Backpapier dünn ausrollen – am besten auf einer warmen Arbeitsfläche, z.B. einem umgedrehten warmen Ofenblech. Das Karamell auskühlen lassen und dann klein hacken.
- Den Backofen auf 180 °C vorheizen. Das Eiweiß cremig aufschlagen.
- Butter, Zucker, Vanillemark, Salz und Orangenschale miteinander verrühren. Nach und nach den Eischnee hineinrühren. Mehl und Speisestärke hineinsieben und das Karamell einrühren. Einige Minuten weiterrühren, ohne dass dabei die Masse schaumig wird.
- Die Masse in einen Dressierbeutel mit runder Tülle von 8 bis 10 mm Ø füllen und auf Backpapier oder Backmatten damit in größerem Abstand kleine Halbkugeln aufdressieren. Im Ofen etwa 12 Minuten hell backen.

SCHOKOHERZEN

FÜR 4 PERSONEN
125 g Butter
100 g Zucker
Mark von 1/2 Vanilleschote
1 Ei
65 g geriebene Mandeln
100 g geriebene dunkle Schokolade
125 g Mehl
75 g Speisestärke
1 TL Kakaopulver
100 g dunkle Kuvertüre
50 g Fettglasur
Wallnusshälften

- Butter, Zucker und Vanille miteinander zu einer geschmeidigen Masse verrühren. Das Ei verquirlen und einarbeiten. Mandeln und Schokolade darüber verteilen, dann das Mehl mit der Speisestärke und dem Kakao darüber sieben und alles zu einem glatten Teig verarbeiten. Diesen zu einem flachen Ziegel formen, in Klarsichtfolie einpacken und mindestens 1/2 Stunde kalt stellen.
- Dann den Teig auf der bemehlten Arbeitsfläche 2 bis 3 cm dick ausrollen. Herzen, Sterne, Kringel oder andere Formen ausstechen bzw. formen. Alle auf ein gefettetes Backblech legen und im vorgeheizten Backofen bei 180 °C ca. 10 Minuten backen.
- Inzwischen die Kuvertüre und Fettglasur in einer Schüssel über einem heißen Wasserbad schmelzen lassen. Die ausgekühlten Schokoherzen damit bestreichen und mit den Walnusshälften verzieren.

Variante

Die fertig gebackenen Herzen mit ca. 250 g passierter Himbeerkonfitüre bestreichen und mit Marzipanmasse belegen. Dafür 500 g Marzipan und 80 g Puderzucker glatt verarbeiten und auf einer mit Puderzucker bestäubten Arbeitsfläche dünn ausrollen. Herzen, Sterne oder andere Formen der gleichen Größe daraus ausstechen und die mit Konfitüre bestrichenen Plätzchen damit belegen. Die Oberfläche dann mit der Kuvertüre-Fettglasur bestreichen und mit gehackten Mandeln garnieren.

MARONENSUPPE

FÜR 4 PERSONEN

450 g Maronen (Esskastanien)
1 TL gesiebter Puderzucker
600 ml Geflügelbrühe
200 g Sahne
50 g Butter
ein paar Tropfen weißes Trüffelöl
Salz, Cayennepfeffer

• Den Backofen auf 200 °C vorheizen. Die Schale der Maronen auf der gewölbten Seite mit einem scharfen Küchenmesser kreuzweise einschneiden.

• Die Maronen auf einem Backblech für ca. 10 Minuten in den Ofen geben, bis die Schalen aufplatzen. Die noch warmen Kastanien aus der Schale herauslösen, dabei den pelzigen Innenmantel entfernen.

• Den Puderzucker in einem Topf karamellisieren lassen; mit der Geflügelbrühe ablöschen, die Maronen dazugeben und 15 Minuten zugedeckt knapp unter dem Siedepunkt ziehen lassen, bis die Maronen weich sind.

• Die Suppe mit einem Stabmixer fein pürieren, dann die Sahne zugießen. Nochmals erwärmen und dabei die Butter schaumig hineinmixen, dann das Trüffelöl dazugeben. Mit Salz und Cayennepfeffer abschmecken und heiß in vorgewärmten Suppentellern servieren.

Keinen christlichen Bezug hat das im Allgäu, vor allem in Oberstdorf, übliche »Klausentreiben«: Junge Burschen in Fellen und mit Furcht erregenden Masken machen sich das zweifelhafte Vergnügen, lautstark Mädchen und Frauen durch die Gassen zu jagen …

ST. BARBARA

Was hört man an einsamen Kreuzungen?

Die hl. Barbara soll im 7. Jahrhundert als Christin verfolgt und aufgrund ihres Glaubens von ihrem eigenen, heidnischen Vater enthauptet worden sein. Den erschlug daraufhin der Blitz. Wer zu ihr betete, so sagte die Legende, starb nicht, ohne die Sakramente zu empfangen. Sie wurde u.a. zur Patronin der Bergleute, weil sich auf ihrer Flucht vor dem Vater ein Felsen als Versteck geöffnet habe. Mit Katharina und Margareta bildet sie die »drei heiligen Madel« unter den vierzehn Nothelfern.

Der Barbaratag, der 4. Dezember, galt als »Lostag«, der Aufschluss über die Zukunft bringt. Um Mitternacht sollte man an einsamen Kreuzungen erlauschen können, was das neue Jahr einem bescherte. Wahrscheinlicher ist die Wetterregel »Gibt Sankt Barbara Regen, bringt der Sommer wenig Segen« oder die Hoffnung, dass Obstbaum- und Forsythienzweige, die an diesem Tag in die Vase kommen, zu Weihnachten aufgeblüht sind. Sie symbolisieren den Glanz, den die Geburt des Erlösers in die menschliche Finsternis bringt.

Blühende Barbarazweige versprechen Glück für das kommende Jahr.

SCHWARZWURZELSUPPE MIT CROÛTONS

FÜR 4 PERSONEN
500 g Schwarzwurzeln
800 ml Gemüsebrühe
80 g Sahne
80 g Butter
2 Toastbrotscheiben
Salz, Cayennepfeffer
etwas frisch geriebene Muskatnuss
frische Kräuterblätter zum Garnieren

- Die Schwarzwurzeln unter fließend kaltem Wasser gründlich abbürsten, schälen und klein schneiden.
- Sofort in die kochende Brühe geben und 20 Minuten knapp unter dem Siedepunkt weich köcheln lassen. Sahne und 30 g Butter zufügen und mit einem Stabmixer pürieren.
- Inzwischen das Toastbrot entrinden, in ca. 1 cm große Würfel schneiden. Die restliche Butter in einer Pfanne schmelzen lassen und die Würfel darin von allen Seiten goldbraun anrösten. Herausheben und auf Küchenpapier abtropfen lassen.
- Die Suppe mit Salz, Cayennepfeffer und Muskat abschmecken und in vorgewärmte Teller geben; mit den Croûtons bestreuen und mit den Kräutern garnieren.

GEBEIZTE LACHSFORELLE MIT SENF-DILL-HONIG-SAUCE

FÜR 4 PERSONEN

Beize

je 3 Streifen Orangen- und Zitronenschale
2 Bund Dill
1 Bund glatte Petersilie
1 TL Senfkörner
1 TL Korianderkörner
1/2 TL Wacholderbeeren, leicht zerdrückt
1 TL schwarze Pfefferkörner, grob zerkleinert
30 g Salz
15 g Zucker
1 EL Olivenöl

Lachsforelle

400 g Lachsforellenfilet mit Haut

Senf-Dill-Honig-Sauce

100 g Crème fraîche
100 g Sahne
1 TL Honig
1 TL scharfer Senf
1 EL frisch geschnittener Dill
Salz, 1 Prise Cayennepfeffer

Beize

- Zitronen- und Orangenschalen in dünne Stifte schneiden, Dill und Petersilie grob schneiden und mit den restlichen Zutaten – außer dem Olivenöl – gut vermischen.

Fisch

- Das ganze Lachsforellenfilet mit der Hautseite nach unten in eine entsprechend große Form oder Reine legen.
- Die Beize großzügig über dem Filet verteilen und mit dem Olivenöl beträufeln. Die Lachsforelle mit Frischhaltefolie bedecken, mit einem passenden Brett beschweren und über Nacht im Kühlschrank ziehen lassen. Am nächsten Tag das Filet wenden und nochmals über Nacht ziehen lassen. Das Ganze noch 2 Tage wiederholen (insgesamt 3 bis 4 Tage).
- Dann die Beize vom Filet entfernen, den Fisch trockentupfen und kurz vorm Servieren in hauchdünne Scheiben schneiden. Noch einfacher geht es, wenn das Filet samt Beize vakuumiert wird anstatt beschwert und gewendet.

Senf-Dill-Honig-Sauce

- Crème fraîche, Sahne, Honig, Senf und Dill gut miteinander verrühren und mit Salz und Cayennepfeffer würzen. Die Sauce separat zu den gebeizten Lachsforellenscheiben reichen.

Hilfreich bei der Zubereitung sind – neben aller Gewürze – ein entschlossener Griff und scharfe Messer.

KALBSRÜCKEN MIT KARTOFFEL-SELLERIE-PÜREE

FÜR 4 PERSONEN

Kalbsrücken

600 g entsehnter Kalbsrücken am Stück
Salz, schwarzer Pfeffer aus der Mühle
2 EL Öl

Sellerie-Birnen-Püree

1/2 kg Kartoffeln
Salz
125 ml Milch
25 g Butter in kleinen Stückchen
200 g Knollensellerie
60 g Sahne
1 Birne
1–2 TL Puderzucker
1 Prise Cayennepfeffer
etwas frisch geriebene Muskatnuss

Kalbsrücken

- Den Backofen auf 100 °C Ober- und Unterhitze vorheizen. Auf die mittlere Einschubleiste ein Gitter setzen und auf die untere Einschubleiste ein Abtropfblech.
- Den Kalbsrücken salzen und pfeffern. Das Öl in einer Pfanne erhitzen und den Kalbsrücken darin bei mittlerer Hitze rundherum anbraten. Auf das Gitter in den Ofen legen und in etwa 1 1/2 bis 2 Stunden rosa garen.

Sellerie-Birnen-Püree

- Die Kartoffeln schälen, waschen und in Salzwasser weich kochen. Dann in einem Sieb abtropfen lassen.
- Die Milch erhitzen. Die Kartoffeln heiß durch eine Kartoffelpresse drücken; die heiße Milch langsam auf die Kartoffeln geben. So viel Milch unterrühren, bis das Püree sämig und locker ist. Zum Schluss die kalten Butterstückchen vorsichtig einrühren.
- Während die Kartoffeln kochen, den Sellerie schälen, in Würfel schneiden und in der Sahne mit etwas Salz weich kochen; danach mit einem Stabmixer pürieren.
- Die Birne schälen, entkernen und in kleine Würfel schneiden. Den Puderzucker in einer Pfanne bei mittlerer Hitze hell karamellisieren lassen; die Birnenwürfel darin kurz anschwitzen und mit dem Selleriepüree unter das Kartoffelpüree mischen. Mit Salz, Cayennepfeffer und Muskat abschmecken.

Dazu passt eine Kalbsbratensauce oder eine Rotweinbutter:

Für die Rotweinbutter 1 Teelöffel Puderzucker in einer tiefen Pfanne bei mittlerer Hitze karamellisieren lassen; mit 200 ml Rotwein ablöschen, den Rotwein zu 2/3 einkochen lassen. Bei milder Hitze nach und nach 100 g kalte Butterstückchen unter ständigem Rühren hinzufügen – nicht kochen lassen. Mit Salz und Pfeffer abschmecken.

TOPFENKNÖDEL MIT LEBKUCHENBRÖSEL AUF ORANGENRAGOUT

FÜR 4 PERSONEN

Orangenragout

60 g Puderzucker
250 ml Orangensaft
20 g Zucker
Mark von 1/2 Vanilleschote
1/2 Zimtstange
etwas abgeriebene Orangenschale
1 TL Speisestärke
2 Orangen, filetiert
2 Blutorangen, filetiert

Topfenknödel

20 g weiche Butter
20 g Puderzucker
1 Msp. abgeriebene Zitronen- und Orangenschale
Mark von 1/2 Vanilleschote
1 Prise Salz
2 Eigelbe
280 g Topfen (abgetropfter Quark)
80 g Semmelbrösel (vom entrindeten Weißbrot)
100 g Nougat, zu 8 kleinen Kugeln gedreht
Salz, Zucker
etwas Orangen- und Zitronenschale

Lebkuchenbrösel

20 g Butter
30 g Semmelbrösel
30 g Lebkuchenbrösel (ohne Glasur)
30 g Zucker
1 Msp. Lebkuchengewürz

Orangenragout

- Den Puderzucker in einer Pfanne ohne Fettzugabe karamellisieren lassen; mit dem Orangensaft ablöschen. Zucker, Vanillemark, Zimtstange und abgeriebene Orangenschale zugeben und alles aufkochen lassen.
- Die Speisestärke in wenig kaltem Wasser glatt anrühren und den aufgekochten, gewürzten Orangensaft damit unter Rühren binden. Den Orangensaft abkühlen lassen. Ist die Flüssigkeit zu sämig, kann man noch etwas frisch gepressten Orangensaft zugeben.
- Die Orangenfilets in eine Porzellanschüssel geben und damit marinieren; wer möchte, kann mit Puderzucker und Orangenlikör zusätzlich würzen.

Topfenknödel

- Die Butter mit dem Puderzucker, der Zitronen- und Orangenschale, dem Vanillemark und Salz cremig rühren. Die Eigelbe glatt einrühren. Dann den Topfen mit den Semmelbröseln dazugeben und zu einer festen Masse verarbeiten.
- Die Topfenknödelmasse in 8 gleich große Stücke teilen, um die Nougatkugeln hüllen und mit feuchten Händen zu Knödeln formen.
- In einem Topf reichlich Salzwasser aufkochen, Zucker, Zitronen- und Orangenschale zufügen und die Knödel einlegen. Knapp unter dem Siedepunkt 10 bis 12 Minuten ziehen lassen.

Lebkuchenbrösel

- Die Butter in einer Pfanne schmelzen lassen, Semmelbrösel und Lebkuchenbrösel hineinrühren und bei geringer Hitze hell anrösten. Zucker und Lebkuchengewürz vermischen und zufügen. Unter ständigem Rühren goldbraun anrösten. Zum Auskühlen auf einen Porzellanteller geben.

Fertigstellung

- Die Knödel mit einer Schaumkelle aus dem Kochwasser heben und auf Küchenkrepp kurz abtropfen lassen. In den Lebkuchenbröseln wenden und mit dem Orangenragout auf Tellern anrichten.

GEEISTES VOM GEWÜRZKAFFEE

FÜR 4 PERSONEN
50 g Sahne
1 EL Kaffeebohnen
1 TL Zucker
70 ml starker Kaffee (Espresso)
1 Sternanis
1/2 Zimtstange
1 Prise Kardamom
ein kleines Stück Gewürznelke
60 g Zucker
2 Eigelbe
1 EL Rum
120 g Sahne
frisch gemahlener Kardamom

- Für die weiße Kaffeesahne Sahne mit Kaffeebohnen und Zucker verrühren und zugedeckt einen Tag im Kühlschrank durchziehen lassen.
- Den Kaffee (Espresso) mit den Gewürzen und der Hälfte des Zuckers einmal aufkochen lassen, der Zucker muss sich dabei auflösen. Den Topf vom Herd nehmen und zugedeckt 20 Minuten ziehen lassen; dann durch ein Sieb in einen Topf abgießen und erneut kurz erhitzen.
- Eigelbe und den restlichen Zucker in einer Metallschüssel schaumig schlagen. Den heißen Kaffee unter Rühren hineingießen, die Schüssel auf ein heißes Wasserbad setzen und die Masse weiterschlagen, bis sie – etwa 80 °C heiß – feinporig und schaumig ist. Das Ganze in der Küchenmaschine oder auf einem kalten Wasserbad kalt schlagen und dabei den Rum hinzufügen.
- Die Sahne steif schlagen und unter den Kaffeeschaum ziehen. In Kaffee- oder Mokkatassen bis 1 1/2 cm unter dem Rand einfüllen und mindestens einige Stunden im Tiefkühlgerät gefrieren lassen.
- Für den weißen Kaffeeschaum die Sahne mit den Kaffeebohnen abgießen; die Sahne schaumig schlagen und kurz vor dem Servieren die Tassen damit bis zum Rand auffüllen. Mit je 1 Prise Kardamom bestreuen und servieren.

Tipp

Das Geeiste vom Kaffee schmeckt am besten, wenn es 20 bis 30 Minuten vor dem Servieren zum Temperieren in den Kühlschrank gestellt wird.

SILVESTERPUNSCH

FÜR 1 LITER
3/4 l kräftiger Rotwein
75 g Zucker
Saft von 1 Orange
1 kleiner Streifen Orangenschale
10 Rosinen
1 Zimtrinde
2 Gewürznelken
1 aufgeschlitzte Vanilleschote
250 ml kräftiger Schwarztee
10 cl Grand Marnier
2 cl Amaretto

- Den Rotwein mit dem Zucker, Orangensaft und -schale, den Rosinen, Zimtrinde, Gewürznelken und der Vanilleschote erhitzen. Den Topf von der Herdplatte ziehen, Tee und Alkohol zugießen und noch einige Minuten zugedeckt ziehen lassen. Sämtliche Gewürze herausnehmen und das Getränk heiß servieren.

BIER-TIRAMISU MIT WEIHNACHTLICHEN GEWÜRZEN

FÜR 4 PERSONEN

Creme

2 Eigelbe
60 g Puderzucker
250 g Mascarpone
4 cl Bierlikör (ersatzweise Orangenlikör)
100 g Sahne
2 Eiweiß

Fertigstellung

50 g Kristallzucker
100 ml Orangensaft
250 ml dunkles Bier
je 1 Streifen unbehandelte Orangen- und Zitronenschale
1 Stück Zimtrinde
Mark von 1/2 Vanilleschote
1 TL Pimentkörner
2 Nelken
10 schwarze Pfefferkörner
4 cl Bierlikör
200 g Löffelbiskuit
2 EL Kakao
1 TL Lebkuchengewürz

Creme

- Die Eigelbe mit der Hälfte des Puderzuckers über einem Wasserbad hellschaumig aufschlagen, vom Herd nehmen, dann den Mascarpone mit dem Bierlikör hineinrühren.
- Die Sahne halbsteif schlagen, das Eiweiß mit der anderen Hälfte des Puderzuckers zu einem cremigen, festen Schnee schlagen, vorsichtig unter die Sahne heben und unter die Mascarponemasse ziehen.

Fertigstellung

- Den Zucker in einem Topf karamellisieren, mit Orangensaft ablöschen und mit Bier aufgießen. Die Gewürze zugeben und 5 Minuten ziehen lassen, bis sich der Karamell gelöst hat. Die Gewürze herausnehmen und den Sud auskühlen lassen. Dann den Bierlikör zugeben.
- Die Hälfte der Löffelbiskuits kurz in die Gewürz-Biermischung tauchen und dicht nebeneinander in eine Auflaufform von ca. 1 1/2 l Fassungsvermögen schichten. Die Hälfte der Mascarponecreme darauf verteilen; den Vorgang mit Löffelbiskuits und Creme ein weiteres Mal wiederholen, mit einer Mascarponeschicht abschließen. Das Tiramisu im Kühlschrank mehrere Stunden durchziehen lassen.
- Den Kakao mit dem Lebkuchengewürz vermischen und vor dem Servieren dünn auf das Bier-Tiramisu sieben.

WEISSER GLÜHWEIN

FÜR 1 LITER

3 EL Puderzucker
Saft von 2 Orangen
1 Flasche Weißwein (750 ml)
60 g Zucker
1 Sternanis
1 Stück Zimtrinde
1 Gewürznelke
1 aufgeschlitzte Vanilleschote
je 3 Streifen Zitronen- und Orangenschale

- Den Puderzucker in einem großen Topf bei milder Hitze hell karamellisieren lassen, mit dem Orangensaft ablöschen und auf 1/3 der Flüssigkeitsmenge einköcheln lassen. Dann den Weißwein und Zucker zufügen und aufkochen lassen.
- Inzwischen Sternanis, Zimtrinde, Nelke und Vanilleschote in ein Gewürzsäckchen geben und zusammen mit den Zitronen- und Orangenschalen in den Glühwein legen, 15 Minuten darin ziehen lassen und anschließend entfernen.

JANUAR
SILVESTER UND NEUJAHR

Mit Geld in den Taschen und freundlich gestimmt ins neue Jahr

Silvester verkleidete sich in den guten Stuben der Alpen ein junger Mann als »altes Jahr« und hockte sich an den Ofen, während sich alle anderen einen vergnügten Abend machten. Bis Mitternacht durfte er aufspringen, sobald ein Mädchen in seine Nähe kam, und es küssen. Dann wurde er Schlag 12 mit grünen Zweigen, die der Hausherr zuvor verteilt hatte, aus dem Haus getrieben. Darauf wurde das neue Jahr lautstark mit Hilfe von Trommeln, Schellen, Peitschenknallen und Schießerei begrüßt.

Den Jahreswechsel zwischen dem 31. Dezember und dem 1. Januar führte 46 v. Chr. Julius Caesar in Rom ein. Bis dahin war der 1. März Neujahr. Die Christen versuchten es später mit dem 25. März (Zeugung Jesu), Ostern (Auferstehung Jesu), dem 1. September und dem 25. Dezember (Geburt Jesu). 1691 schloss sich der damalige Papst Innozenz XII. dem Willen Caesars an, wodurch der Name eines am 31. Dezember verstorbenen Heiligen Vaters einen feuchtfröhlichen Klang bekam: Silvester.

Abschied und Neubeginn

An diesem Abend eskalierte der »Höllenlärm«, der in den zwölf Nächten zwischen 25. Dezember und 6. Januar gemacht wurde. Sie galten christlich als heilige Nächte und volkstümlich als Raunächte, in denen besonders in den Alpen Bräuche aus jener Zeit lebendig blieben, da man Dämonen fürchtete. Um denen keine böse Entfaltungsmöglichkeit zu bieten, durfte daheim keine Unsauberkeit und Unordnung herrschen und keine Wäsche auf der Leine hängen, Frauen und Kinder mussten von der Straße, sobald es dunkelte, Haus und Hof wurden mit Weihrauch und Weihwasser gegen Übles gefeit. Symbolgläubig wurden Linsen, Bohnen und Erbsen gegessen, mit denen die Hoffnung auf ein gutes neues Jahr keimen sollte.

Um seinen Wünschen besonderen Nachdruck zu verleihen, wusch man zu Neujahr allen alten Schmutz gründlichst ab, kleidete sich manierlich, steckte sich Geld in die Taschen, aß und trank gut, vermied jeden Streit und demonstrierte so dem neuen Jahr, was man von ihm erwartete. In Oberammergau singen Jung und Alt am Silvesterabend bei zwei »Sterngängen« durch die Stadt, denen große achteckige, beleuchtete Sterne mit Christkinddarstellung vorangetragen werden. Nach jedem Tusch der begleitenden Kapellen rufen die Sternsinger fröhlich: »A gut's neu's Jahr!«

Böllerschießen als Bannmittel

In der zweiten Raunacht, der Silvesternacht (die erste ist am 25. Dezember und die dritte am 6. Januar), wird mittels Lärm das Böse gebannt – ein Brauch, der auf das 14. Jahrhundert zurückgeht. Als man diesen dann maschinell, d. h. mit Böllern und Kanonen herstellen konnte, etablierten sich Vereinigungen – in Bayern sind es über 600 Vereine –, die diese Tradition weiter pflegten.

Die Sternsinger (links) machen sich bereits ab Neujahr auf den Weg, um von Haus zu Haus zu ziehen. Das neue Jahr wird nach guter bayerischer Tradition mit Pulverdampf und Böllerschüssen begrüßt (unten).

SÜSSSAURE BRATWÜRSTELSUPPE

FÜR 4 PERSONEN
2 Zwiebeln
1 Karotte
150 g Knollensellerie
500 g Nürnberger Rostbratwürstel
1 EL Puderzucker
1 l Geflügelbrühe
1 kleines Lorbeerblatt
1/2 TL gelbe Senfkörner
3 Wacholderbeeren
5 Pimentkörner
1 TL schwarze Pfefferkörner
3–4 EL Rotweinessig
1 EL Zucker
Salz, Cayennepfeffer
1 Scheibe Knoblauch
1 Streifen Zitronenschale
1 Scheibe Ingwer
30 g kalte Butter
2 EL glatte Petersilie, grob geschnitten

• Das Gemüse küchenfertig vorbereiten und in ca. 1/2 cm kleine Würfel schneiden. Die Rostbratwürstel in ca. 1/2 bis 1 cm dicke Scheiben schneiden.

• Den Puderzucker in einem beschichteten Topf bei mittlerer Hitze hell karamellisieren lassen, das Gemüse dazugeben und darin glasig anschwitzen – Zucker und austretender Gemüsesaft bilden einen Schutzfilm um das Gargut, der die Zugabe von Öl überflüssig macht.

• Die Brühe dazugießen, Lorbeerblatt und Senfkörner hinzufügen, Wacholder-, Piment- und Pfefferkörner in ein Gewürzsäckchen einbinden und einlegen – am besten eignet sich dafür ein Teeei oder Einwegteebeutel, der mit einer Klammer verschlossen wird. Das Gemüse ca. 10 Minuten knapp unter dem Siedepunkt ziehen lassen, bis es fast weich ist.

• Dann mit Essig, Zucker, Salz und Cayennepfeffer abschmecken. Die Würstelscheiben zusammen mit Knoblauch, Zitronenschale und Ingwer einlegen, ca. 3 Minuten ziehen lassen, anschließend wieder herausnehmen und in heiße Suppentassen verteilen. Den Sud durch ein Sieb abgießen, die kalte Butter mit einem Stabmixer einrühren und nochmals mit Zucker, Salz und Essig abschmecken. Den gebutterten Fond über die heißen Rostbratwürstel gießen und mit Petersilie bestreut servieren.

GEBACKENER NEUJAHRSKARPFEN AUF KARTOFFEL-MEERRETTICH-SALAT

FÜR 4 PERSONEN

Kartoffel-Meerrettich-Salat

1 kg vorwiegend fest kochende Kartoffeln
Salz
1/2 EL ganzer Kümmel
1 kleine Zwiebel
2 EL Öl
350 ml Geflügelbrühe
2–3 EL Weinessig
2 TL Sahnemeerrettich
2 EL gebräunte Butter
1 Prise Zucker
schwarzer Pfeffer aus der Mühle
2 EL Schnittlauchröllchen
etwas frisch geriebener Meerrettich

Neujahrskarpfen

100 g Mehl
125 ml Bier
Salz, schwarzer Pfeffer aus der Mühle
400 g Karpfenfilet, enthäutet
70 g Butterschmalz
70 g Öl
ein paar Tropfen Zitronensaft

Kartoffel-Meerrettich-Salat

- Die Kartoffeln waschen und in Salz-Kümmel-Wasser weich kochen. Dann das Wasser abgießen, die Kartoffeln möglichst heiß schälen, in dünne Scheiben schneiden und in eine Schüssel geben.
- Die Zwiebel schälen und klein würfeln. 1 Esslöffel Öl in einer Pfanne erhitzen und die Zwiebeln darin bei milder Hitze glasig anschwitzen. Die Pfanne vom Herd nehmen, die Brühe dazugießen, Essig und Sahnemeerrettich glatt einrühren und diese Flüssigkeit über die Kartoffeln gießen; alles vorsichtig miteinander vermischen.
- Die gebräunte Butter mit dem übrigen Öl hinzufügen und mit Salz, Zucker und Pfeffer würzen. Den Kartoffelsalat mit Schnittlauch und Meerrettich garnieren.

Neujahrskarpfen

- Mehl und Bier jeweils in einen tiefen Teller geben; das Mehl mit Salz und Pfeffer würzen.
- Den Karpfen in 4 bis 5 cm große Stücke schneiden und diese salzen und pfeffern. Abwechselnd 2-mal hintereinander erst im Mehl wenden, dann durch das Bier ziehen und zuletzt nochmals im Mehl wenden.
- Butterschmalz und Öl in einer Pfanne bei mittlerer Temperatur erhitzen. Die panierten Karpfenstücke darin von allen Seiten hell anbraten, herausnehmen, auf Küchenkrepp abtropfen lassen und mit etwas Zitronensaft beträufeln. Zusammen mit dem Kartoffelsalat servieren.

Tipp

Je nach Jahreszeit kann der Kartoffelsalat mit Bärlauchstreifen, Radieschenscheiben, gehobelten Gurken, klein geschnittenem Rucola, Endivienstreifen, süßsauer eingelegten Kürbisstückerln, gekochtem Knollensellerie oder sogar gebratenen Pfifferlingen oder Steinpilzen variiert werden – dann sollte man aber den Meerrettich durch scharfen Senf ersetzen.

der Bayern
Pschorr
MÜNCHEN

KRAUTFLECKERLEINTOPF

FÜR 4 PERSONEN

500 g Schweineschulter
1 Zwiebel
1 Karotte
120 g Knollensellerie
250 g junges Weißkraut
1–2 EL Öl
70 ml Weißwein
1 TL Tomatenmark
1 l Geflügelbrühe
1 geschälte Knoblauchzehe
1/2 TL Kümmel
1/2 TL abgeriebene Zitronenschale
1/2 TL Majoran
1 TL edelsüßes Paprikapulver
120 g vorgekochte weiße Bohnen
Salz, Cayennepfeffer
1 EL glatte Petersilie, frisch geschnitten

• Das Schweinefleisch in 1 bis 2 cm große Würfel schneiden. Zwiebel, Karotte und Sellerie schälen; die Zwiebel in etwa 1 1/2 cm große Scheiben schneiden, die Karotte in dünne Scheiben schneiden, den Sellerie erst in dünne Scheiben, dann in 1 1/2 cm große Würfel schneiden. Vom Kraut die äußeren Blätter und den Strunk entfernen und auf die gleiche Größe schneiden wie die anderen Gemüsesorten.

• Einen Topf bei mittlerer Temperatur erhitzen, dann das Öl hineingeben, kurz heiß werden lassen und die Fleischstücke darin von allen Seiten anbraten. Mit dem Weißwein ablöschen, das Tomatenmark einrühren und sämig einkochen lassen. Die Brühe dazugießen, alles miteinander aufkochen und 45 Minuten knapp unter dem Siedepunkt ziehen lassen. Das Gemüse hinzufügen und weitere 20 Minuten ziehen lassen.

• Währenddessen Knoblauch, Kümmel, Zitronenabrieb und Majoran vermischen und fein hacken. Den Eintopf mit dieser Mischung und dem Paprika würzen, die weißen Bohnen hinzufügen und darin warm werden lassen. Mit Salz und Cayennepfeffer abschmecken.

• Den Eintopf in vorgewärmten tiefen Tellern verteilen und mit Petersilie bestreut servieren.

HEILIGE DREI KÖNIGE

Weihrauch und Weihwasser, damit der Haussegen nicht schief hing

Früher kamen die symbolischen Heiligen Drei Könige in die Häuser, um sie zu segnen. Über eine Schaufel voll Glut wurden Weihrauchkörner gestreut, und damit ging es durch alle Räume und Ställe, die anschließend mit geweihtem Dreikönigswasser besprengt wurden. Am Schluss schrieb man mit geweihter Kreide C+M+B (für Caspar, Melchior, Balthasar) und die neue Jahreszahl an die Haustür. Dann gönnte sich die Familie ein Festessen. Am Dreikönigstag, der heute außer in Bayern nur noch in Baden-Württemberg und Sachsen-Anhalt ein Feiertag ist, ziehen vielerorts Sternsinger von Haus zu Haus. Ihr Name erinnert an jenen Stern, dem laut einer frommen Legende drei Weise aus dem Morgenland über Jerusalem bis zur Krippe nach Bethlehem gefolgt sein sollen, um dem Christkind zu huldigen. Die zuerst als Magier, später als Könige titulierten Herren sollen drei symbolische Geschenke gebracht haben: Gold, Weihrauch und Myrrhe. Das Trio soll die drei Lebensalter Jüngling-Mann-Greis und die drei damals bekannten Kontinente Asien-Europa-Afrika repräsentiert haben. Legende ist auch, dass sie sich taufen ließen, Priester und Bischöfe wurden und ihre Reliquien über Mailand nach Köln kamen – wo zu ihrem höheren Ruhm der imposante Dom in den Himmel ragt.

Im Namen der drei Könige schwärmen heute die Sternsinger aus, um für die Kinder der Dritten Welt zu sammeln.

APFEL-WALNUSS-SCHMARREN

FÜR 4 PERSONEN

Schmarren

120 g Mehl, gesiebt
250 ml Milch
4 Eigelbe
Mark von 1 Vanilleschote
1 Msp. abgeriebene Zitronenschale
1 EL Rum
40 g Butter, gebräunt und flüssig
4 Eiweiß
50 g Zucker
1 Prise Salz
2 EL Rumrosinen
40 g Butter

Karamellisierte Äpfel

2 kleinere Äpfel
1 EL Puderzucker
10 g Butter
1 Streifen Orangenschale
1/2 Vanilleschote
1 Scheibe Ingwer
1 Splitter einer Zimtstange
40 g Walnusshälften
Puderzucker

Schmarren

- Den Backofen auf Grillfunktion einstellen (ca. 290 °C).
- Mehl mit Milch, Eigelben, Vanillemark, Zitronenschale, Rum und brauner Butter zu einem glatten Teig verrühren.
- Eiweiß mit 20 g Zucker und 1 Prise Salz zu einem cremigen, aber festen Schnee schlagen und mit den Rumrosinen unter die Mehl-Eier-Mischung heben.
- Die Hälfte der Butter in einer großen Pfanne (30 cm Ø) bei milder Hitze aufschäumen lassen und den Teig etwa 2 cm hoch eingießen. Die Unterseite in 1 bis 2 Minuten hell anbräunen, die Pfanne in den Backofen stellen und den Schmarren in 3 bis 4 Minuten hellbraun backen.
- Den fertigen Schmarren aus dem Ofen nehmen, in der Pfanne mit einer Gabel in 2 bis 3 cm große Stücke zerteilen, die restliche Butter hinzufügen, mit dem restlichen Zucker bestreuen, alles gut miteinander vermischen und bei milder Hitze auf dem Herd leicht karamellisieren lassen.

Karamellisierte Äpfel

- Die Äpfel schälen, entkernen und in Spalten schneiden. Den Puderzucker in einer Pfanne bei milder Hitze hell karamellisieren lassen. Die Butter dazugeben und schmelzen lassen. Die Apfelspalten mit sämtlichen Gewürzen einlegen, auf beiden Seiten anbraten, die Gewürze wieder entfernen und die Walnüsse dazugeben und kurz darin schwenken.

Anrichten

- Die karamellisierten Apfelspalten mit den Walnusshälften unter den Schmarren heben. Mit etwas Puderzucker bestäuben und sofort servieren.

Eisstockschießen ist beliebter Volkssport, der von Jung und Alt geschätzt wird. Und was ist wohl erfreulicher, als nach einem kalten Wintertag nach Hause zu kommen und dann einen süßen heißen Apfel-Walnuss-Schmarren zu genießen?

ROTWEINBIRNEN MIT ORANGEN-KROKANT-PARFAIT

FÜR 8 PORTIONEN

Orangen-Krokant-Parfait

80 g Mandelblättchen
100 g Zucker
2 Eigelbe
1 Ei
50 g Zucker
Mark von 1 Vanilleschote
abgeriebene Schale von 1/2 Orange
200 g Sahne
2–3 EL Wasser
Orangenlikör zum Abschmecken

Rotweinbirnen

4 reife, aber feste Birnen, nicht zu groß
1 EL Puderzucker
100 ml roter Portwein
250 ml Rotwein
250 ml schwarzer Johannisbeersaft (Cassis)
100 g Zucker
1 aufgeschlitzte Vanilleschote
1/2 Zimtstange
1 Scheibe Ingwer
2 dünne Streifen Orangenschale
1 gehäufter EL Speisestärke
4 cl Cassislikör

Orangen-Krokant-Parfait

• Die Mandelblättchen ohne Fettzugabe in einer beschichteten Pfanne bei milder Hitze hell anrösten; dann sofort aus der Pfanne nehmen und auf einen Porzellanteller geben.

• Den Zucker bei geringer Hitze in der gleichen Pfanne hell karamellisieren, die Mandelblättchen dazugeben und gut miteinander vermischen. Die Masse auf ein ca. 30 x 30 cm großes Blatt Backpapier verteilen, mit einem zweiten Backpapier belegen und mit einem Rollholz möglichst dünn ausrollen. Den Krokant auskühlen lassen und fein hacken.

• Eigelbe und Ei mit 20 g Zucker, Vanillemark und Orangenschale in einer Schüssel hellschaumig aufschlagen. Die Sahne steif schlagen.

• Den restlichen Zucker mit dem Wasser aufkochen und so lange köcheln lassen, bis der Sirup klar geworden ist. Unter die Eigelbmasse rühren, auf ein kochendes Wasserbad setzen und dort zu einer dickschaumigen Creme aufschlagen – die Temperatur sollte 80 °C nicht überschreiten.

• Die Schüssel vom Wasserbad nehmen und auf ein kaltes Wasserbad setzen; dort so lange weiterschlagen, bis die Masse erkaltet ist. Die geschlagene Sahne mit den Krokantsplittern unterziehen und mit dem Orangenlikör abschmecken. In eine mit Klarsichtfolie oder Backpapier ausgelegte Form einfüllen, mit einer Klarsichtfolie direkt abdecken und für mindestens 3 Stunden ins Gefrierfach stellen.

Rotweinbirnen

• Die Birnen schälen, halbieren und mit einem Kugelausstecher das Kerngehäuse entfernen. Den Puderzucker in einem Kochtopf hell karamellisieren lassen, mit Portwein und Rotwein ablöschen, Johannisbeersaft und Zucker hinzufügen und die Vanilleschote, Zimtstange, Ingwerscheibe und Orangenschale einlegen. Alles miteinander vermischen und aufkochen lassen.

• Die Birnen einlegen und – ganz nach Reifegrad – knapp unter dem Siedepunkt in etwa 10 bis 15 Minuten nicht zu weich ziehen lassen. Dann herausnehmen.

• Das Stärkemehl mit etwas kaltem Wasser glatt anrühren. Den Rotwein-Gewürz-Sud aufkochen, die Stärke hineinrühren und weitere 2 Minuten kochen lassen. Die Flüssigkeit durch ein Sieb gießen, den Cassislikör dazugeben und die Birnen wieder einlegen. Mit einem Blatt Backpapier direkt abdecken und ca. 1 Tag stehen lassen.

Anrichten

• Die Birnen aus der Rotweinsauce herausheben, fächerförmig aufschneiden, auf flachen Tellern anrichten und mit etwas Sauce beträufeln. Das Orangen-Krokant-Parfait mit Hilfe der Folie aus der Form stürzen, die Folie entfernen, das Parfait in Scheiben aufschneiden und jeweils 1 bis 2 Scheiben davon neben die Birnen setzen.

FEBRUAR
FASCHING UND ASCHERMITTWOCH

Für die fünfte Jahreszeit reichten sechs Tage

Der Fasching resultiert komischerweise aus religiösem Lebenssinn und nicht aus dem sprichwörtlichen »Heidenspektakel« und »Höllenlärm« des germanischen Winteraustreibens. Mit der gnädig gewährten Fröhlichkeit wollten die Kirchenväter ab dem 10. Jahrhundert ihre Gläubigen vor der strengen Fastenzeit das pralle Leben noch einmal in vollen Zügen genießen lassen – was in den katholischen Gegenden am ausgeprägtesten war und ist. Denn die Freude gehört durchaus zum christlichen Leben.

Närrisches Treiben

Die Kirche hielt vor dem am Aschermittwoch beginnenden 40-tägigen Fasten ganze sechs Feiertage für ausreichend. Doch nur an dreien war man bis zum 19. Jahrhundert dermaßen vergnügt, dass sie als die drei tollen Tage Furore machten: der »kleine Fastabend« (unsinniger Donnerstag), der »große Fastabend« (am Sonntag) und der Fastnachtsdienstag. Bis zu jenem 19. Jahrhundert blieb der bayerische Fasching meist eine männliche Domäne, Frauen waren nur geduldet, und das auch nur in angemessen sittsamer Kleidung. Vielleicht entsprang daraus die Weiberfastnacht am Donnerstag.

Ausgerechnet an diesem Tag muss in Lauingen an der Donau in einem der ältesten bayerischen Bräuche seit 1582 die Winterhexe »Barbara Schetgoschin« den Feuertod sterben. In Dorfen bei München ziehen bis zu 1000 maskierte Männer in langen Nachthemden mit Musik durch die Stadt und verbrennen dann eine lebensgroße Strohpuppe namens »Hemadlenz« als Wintersymbol am Galgen. In Mittenwald vertreiben die maskierten »Schellenrührer« – angeführt von einem Vortänzer mit Mädchenlarve – den Winter lautstark: Mit drei bis fünf Glocken am Leib hüpfen sie rhythmisch durch die Straßen. Im Altmühltal ziehen die »Fasenickl« peitschenknallend umher, in Dietfurt an der Altmühl hält beim »Chinesenfasching« der Kaiser Daa-Booda-Waschy mit großem kostümiertem Gefolge farbenprächtigen Einzug.

Am Faschingssonntag ist bei vielen Umzügen traditionelles Narrentreiben angesagt, vom Allgäu bis zur Firstalm treffen sich überall in den Bergen Skifahrer zum Maskentreiben. Am Faschingsdienstag läuten die Tänze der zumeist kostümierten Standlfrauen auf dem Münchner Viktualienmarkt den närrischen Kehraus in allen bayerischen Wirtshäusern ein. Der endet manchmal theatralisch: Eine Sargattrappe wird hereingetragen, und ein »Priester« hält eine herzerweichende Begräbnisrede.

Die Fastenzeit beginnt

Wenn am Aschermittwoch das ganze Spektakel vorbei ist und keine Krapfen, Ausgezogene und Schmalznudeln mehr angerührt werden, trifft man sich in ganz Bayern zum Fischessen – zum Rückblick auf die Freuden des Lebens und zur Einstimmung auf die Fastenzeit. Und weil der Fasching das Geld locker sitzen lässt, hält sich der Brauch, am Aschermittwoch den strapazierten Geldbeutel zu waschen. In München tun es die Stadtväter am Fischbrunnen auf dem Marienplatz – und demonstrieren, wie leeeeeeeeer der Stadtsäckel ist.

Nach dem tollen Treiben (oben links) findet dann in vielen Wirtschaften am Aschermittwoch das »Katerfrühstück« statt (oben rechts).

MARIÄ LICHTMESS

Einer erkannte das Licht der Welt

Das Fest am 2. Februar erinnerte einst an das erste Mal, dass Maria ihren Gottessohn und sich selbst in den Tempel brachte. Sich selbst deswegen, da Frauen 40 Tage nach der Entbindung zur Reinigung den Tempel aufzusuchen hatten. Zu den Gläubigen, die diesen Besuch miterlebten, gehörte auch der Prophet Simeon, der in Jesus den Messias erkannte und einen Lobgesang anstimmte, er habe das Licht der Welt erblickt. Daraus entwickelte sich der Brauch, an diesem Tag während der Messe leuchtende Kerzen zu halten. Die werden gesegnet und heimgenommen – um das symbolische Licht der Welt im Haus zu haben.

Lichtmess war auch lange von besonderer weltlicher Bedeutung im Arbeitsleben: Mägde und Knechte konnten ihre Stelle wechseln, bekamen Lohn und Zeugnisse und hatten bis zum 5. Februar Zeit, ihr Bündel zu schnüren. Zunächst aber wurde auf zünftigen Lichtmessbällen in allen Wirtshäusern gefeiert.

An Mariä Lichtmess geht man zur Kerzenweihe in die Kirche. Früher galt heruntergetropftes Wachs als segensreich, daher wurde es geknetet und in die Balken von Haus und Stallung aufgetragen.

FEURIGE GULASCHSUPPE

FÜR 4 PERSONEN

Suppe

700 g Rindfleisch (aus Wade oder Schulter)
400 g Zwiebeln
2 EL Öl
2 EL Tomatenmark
1 1/2 l Geflügelbrühe
je 1/2 gelbe und rote Paprikaschote
400 g Kartoffeln
1 Lorbeerblatt

Gulaschgewürz

2 Knoblauchzehen
2 Streifen Zitronenschale
1/2 TL ganze Kümmelsamen
1/2 TL Majoran
Salz
1–2 TL edelsüßes Paprikapulver
1/2 TL Cayennepfeffer
2 EL glatte Petersilie, grob geschnitten

Suppe

- Das Rindfleisch von groben Sehnen befreien und in 1 cm große Würfel schneiden. Zwiebeln schälen, halbieren und klein würfeln.
- Das Öl in einem breiten Topf erhitzen und die Fleischwürfel darin bei mittlerer Hitze von allen Seiten gut anbraten. Das Tomatenmark dazugeben, kurz anschwitzen lassen, die Zwiebelwürfel einrühren, einige Minuten mitdünsten und dann die Brühe aufgießen. Die Suppe bei milder Hitze 1 1/2 Stunden zugedeckt ziehen lassen, bis das Fleisch weich ist.
- Die rote und gelbe Paprika entkernen, waschen und in 1/2 bis 1 cm große Würfel schneiden. Die Kartoffeln waschen, schälen und in 1 cm große Würfel schneiden.
- 30 bis 35 Minuten vor Garende Paprika- und Kartoffelwürfel mit in die Suppe geben und das Lorbeerblatt einlegen.

Gulaschgewürz

- Die Knoblauchzehen abziehen und in Scheiben schneiden. Die Zitronenschale fein hacken. Den Kümmel klein hacken. Alles zusammen mit dem Majoran und 1 Prise Salz vermischen. Das Paprikapulver mit ein wenig Wasser glatt rühren.

Anrichten

- Die Gulaschsuppe zum Schluss mit dem Gulaschgewürz, angerührtem Paprikapulver, Cayennepfeffer und Salz abschmecken. Weitere 5 Minuten ziehen lassen, das Lorbeerblatt herausnehmen und mit der Petersilie bestreut heiß servieren.

BLASIUS

Der Segen mit gekreuzten Kerzen

Die Legende erzählt, dass Blasius einem Buben, der an einer Gräte zu ersticken drohte, durch Gebet und Segen das Leben gerettet habe. Über den Heiligen ist wenig bekannt: Er soll Arzt gewesen sein, bevor er sich als Bischof im armenischen Sebaste um die Armen sorgte. Um 316 starb er bei einer Christenverfolgung als Märtyrer. Seit dem 11. Jahrhundert wird am 3. Februar der Blasius-Segen gespendet, indem der Priester zwei brennende Kerzen gekreuzt an den Hals des Gläubigen hält und vor der Segensformel darum bittet, »auf Fürsprache des hl. Blasius bewahre dich der Herr vor Halskrankheiten und allem Bösen«. Blasius gehörte zu den bekanntesten der in Süddeutschland verehrten 14 Nothelfer. Ihnen ist die barocke Wallfahrtskirche Vierzehnheiligen, ein Prachtbau Balthasar Neumanns im fränkischen Maintal, gewidmet.

Sein Segen gehörte mal zu den begehrtesten in bayerischen Kirchen, u.a. sollte er gegen Halsleiden helfen.

RINDERTATAR MIT WACHTELEI UND SCHNITTLAUCHSAUCE

FÜR 4 PERSONEN

Tatar

400 g Rinderfilet, entsehnt
30 g abgetropfte kleine Essiggurken
2 TL Kapern
4 Sardellenfilets
1/2 Zwiebel
1 EL Öl
2–3 EL mildes Olivenöl
2–3 EL Chilisauce
2 EL Schnittlauchröllchen
1 Spritzer Zitronensaft
Salz, schwarzer Pfeffer aus der Mühle
1 Prise Zucker

Schnittlauchsauce

100 g Crème fraîche
4–5 EL Sahne (je nach Konsistenz der Crème fraîche)
1 TL scharfer Senf
1 EL Zitronensaft
1 Prise Zucker
Salz, Cayennepfeffer
2 EL Schnittlauchröllchen

Fertigstellung

6 Wachteleier
Kräuterblätter und kleine Salatblätter zum Garnieren

Tatar

- Das Rindfleisch durch die feine Scheibe des Fleischwolfs drehen. Essiggurken, Kapern und Sardellen fein hacken. Die Zwiebel schälen und klein würfeln.
- Das Öl in einer Pfanne erhitzen und die Zwiebeln darin bei milder Hitze glasig anschwitzen; dann auskühlen lassen.
- Rinderhackfleisch, Essiggurken, Kapern, Sardellen, Zwiebeln, Olivenöl, Chilisauce und Schnittlauch gut miteinander vermischen. Mit etwas Zitronensaft, Salz, Pfeffer und Zucker herzhaft abschmecken.

Schnittlauchsauce

- Crème fraîche, Sahne und Senf glatt verrühren. Mit Zitronensaft, Zucker, Salz und Cayennepfeffer abschmecken und zum Schluss den Schnittlauch unterziehen.

Fertigstellung

- Die Wachteleier für 3 Minuten in kochendes Wasser legen, herausnehmen, mit kaltem Wasser abschrecken, pellen und halbieren.
- Aus dem Tatar 4 gleich große Hacksteaks formen, in der Mitte von flachen Tellern anrichten und die Oberfläche rautenförmig einkerben. Mit der Schnittlauchsauce umgießen, auf dem Tatar die Wachteleierhälften verteilen und mit Kräutern und Salat garniert servieren.

Schlittenfahrten erfreuen sich im Winter in den Bergen großer Beliebtheit. Natürlich gehört eine fröhliche Einkehr in ein Wirtshaus mit zu einem gelungenen Ausflugstag.

BRATSAIBLING

FÜR 4 PERSONEN

Marinade

- 2 Zwiebeln
- 1 Karotte
- 150 g Knollensellerie
- 1 EL Puderzucker
- ca. 1/2 l Brühe
- 1 Lorbeerblatt
- 1 TL Senfkörner
- 5 Wacholderbeeren
- 1 TL schwarze Pfefferkörner
- 1 Streifen Zitronenschale
- 1 Scheibe Ingwer
- 2 Scheiben Knoblauch
- 80 ml Rotweinessig
- Salz
- 1–2 TL Zucker

Bratsaibling

- 4 Saiblingsfilets mit Haut
- Salz
- 4 EL doppelgriffiges Mehl
- 1 EL Öl

Marinade

• Zwiebeln, Karotte und Sellerie schälen. Die Zwiebeln in sehr dünne Ringe schneiden, Karotte und Sellerie möglichst klein würfeln.

• Den Puderzucker in einem Topf bei milder Hitze hell karamellisieren lassen und das Gemüse darin glasig anschwitzen. Mit der Brühe ablöschen, das Lorbeerblatt einlegen, Senfkörner, Wacholder und Pfefferkörner in einen Einwegteebeutel geben, diesen verschließen, ebenfalls einlegen und das Ganze zum Kochen bringen. Die Marinade 10 Minuten knapp unter dem Siedepunkt ziehen lassen. Zitronenschale, Ingwer, Knoblauch und Essig hinzufügen, den Sud mit Salz und Zucker abschmecken, vom Herd nehmen und auf 70 bis 80 °C abkühlen lassen. Alle ganzen Gewürze samt dem Einwegteebeutel herausfischen.

Fisch

• Die Saiblingsfilets leicht salzen, die Hautseite im doppelgriffigen Mehl wenden und dieses leicht abklopfen.

• Das Öl in einer Pfanne erhitzen, die Filets auf der Hautseite 1 bis 2 Minuten anbraten und dann, mit der Hautseite nach oben, nebeneinander in eine entsprechend große Form legen. Mit der warmen Marinade begießen und mindestens 15 Minuten, besser 1 Stunde ziehen lassen.

• Wird der Bratsaibling im Voraus zubereitet, sollte er bis zum Servieren bedeckt im Kühlschrank aufbewahrt werden.

ROLLMOPS VON DER RENKE

FÜR 4 PERSONEN

- 2 weiße Zwiebeln
- 750 ml Wasser
- 750 ml Weißweinessig
- 60 g Salz
- 40 g Zucker
- 2 Lorbeerblätter
- 5 Pimentkörner
- 3 Wacholderbeeren
- 1 TL Senfkörner
- 1 TL schwarze Pfefferkörner
- 1 Streifen Zitronenschale
- 4–5 Essiggurken
- 10 kleine Renkenfilets

• Für den Sud die Zwiebeln schälen und in Ringe schneiden. Das Wasser mit dem Essig, Salz, Zucker und sämtlichen weiteren Gewürzen einmal aufkochen und dann abkühlen lassen.

• Die Essiggurken längs in Scheiben schneiden. Die Fischfilets entgräten und auf der Fleischseite in der Mitte mit Essiggurkenscheiben belegen. Die Filets mit der Hautseite nach außen über das dünne Ende einrollen. Mit zwei Holzspießchen befestigen.

• Die Fischröllchen in ein passendes Gefäß setzen, den Sud darauf gießen und 2 Tage darin marinieren lassen. Zum Servieren jeweils einmal quer halbieren.

REZEPTEREGISTER

A

Apfelkücherl in Bierteig gebacken 107
Apfel-Walnuss-Schmarren 150

B

Backhendl mit warmem Krautsalat 105
Bauernfrühstück 94
Biergulasch 106
Bier-Tiramisu mit weihnachtlichen Gewürzen 140
Böfflamott 23
Brathendl 77
Bratsaibling 157
Bratwürstelsuppe, süßsaure 145
Butter, Käse- 88
 Pfeffer- 88
 Senf- 88

C

Carpaccio vom Pfingstochsen mit Pfefferrahm 62

D

Dampfnudeln mit Vanillesahne 29

E

Eintopf, Krautfleckerl- 149
Eintopf vom Kirchweihganserl 114

F

Feld-, Wald- und Wiesensalat mit gebratener Hendlbrust 96
Frühlingssalat mit Wachteleiern und Croûtons 35

G

Gans, gebratene, mit Gewürzblaukraut 120
Ganserl, Kirchweih-, Eintopf vom 114
Gartenbeeren, marinierte 89
Geeistes vom Gewürzkaffee 141
Gemüse, eingelegtes, mit gedämpfter Lachsforelle 33
Glühwein, Weißer 140
Gulasch, Bier- 106
Gulaschsuppe, feurige 155

H

Haxerlsülze mit Meerrettichmousse 47
Hendl, Back-, mit warmem Krautsalat 105
 Brat- 77
Hirschwild, braun eingemachtes 110
Holunderblütencreme mit Aprikosen und Himbeeren 68

K

Kalbfleischpflanzerl, Spargel-Kartoffel-Gröstel mit 48
Kalbshaxe im Ganzen geschmort 84
Kalbsrücken mit Kartoffel-Sellerie-Püree 137
Kaninchenkeulen, gefüllte, mit Gemüsevinaigrette 65
Karamell-Butterplätzchen 131
Karpfen, Neujahrs-, gebackener, auf Kartoffel-Meerrettich-Salat 146
Kartoffelkäs 74
Käsebutter 88
Käseküchlein mit Bärlauchsauce 17
Knödel-Wurst-Salat 74
Kopfsalat-Erbsen-Suppe mit Minze 18
Kotelett, Rinder-, gebratenes, mit Meerrettich und Senf 106
Kotelett, Schweine-, gegrilltes, mit Weißbierkraut und Kartoffelschmarren 123
Kräuterlasagne 19
Kräutersuppe, klare, mit Saiblingsnockerl 32
Krautfleckerleintopf 149
Krustenbraten vom Wammerl 25
Kürbisspätzle 113

L

Lachsforelle, gebeizte, mit Senf-Dill-Honig-Sauce 135
Lammkeule, geschmorte, mit Bohnengemüse 36
Limettengranité mit Weißbier 89

M

Maibockrücken, rosa gebratener, mit Weißbierknödel 53
Maibocksuppe, aufgeschmolzene 44
Maronensuppe 132
Matjes mit Spinat-Kohlrabi-Salat und gebratenen Kartoffelscheiben 61
Melonensuppe mit Minze 69
Miesbacher, marinierter 75
Milchkalbsbrust, gefüllte 66
Münchner Schnitzel 22

O

Obazda 77
Ofenkartoffeln, gefüllte 63
Osterbrot 39

P

Pfefferbutter 88

R

Rahmschwammerl mit kleinen Schinkenknödeln 99
Rinderbackerl, gebackene, auf saurem Kartoffelgemüse 124
Rinderbrust, gesurte, geschmorte 28
Rinderkotelett, gebratenes, mit Meerrettich und Senf 106
Rindertatar mit Wachtelei und Schnittlauchsauce 156
Rohrnudeln mit Holler-Birnen-Röster 117

Rollmops von der Renke 157
Rote-Bete-Meerrettich-Terrine mit Forellenfilet 125
Rotweinbirnen mit Orangen-Krokant-Parfait 151

S

Salat, Feld-, Wald- und Wiesen-, mit gebratener Hendlbrust 96
Salat, Kopfsalat-Erbsen-Suppe mit Minze 18
Schießscheiben, gebackene 72
Schnitzel, Münchner 22
Schokoherzen 131
Schwarzwurzelsuppe mit Croûtons 133
Schweinekotelett, gegrilltes, mit Weißbierkraut und Kartoffelschmarren 123
Semmelrahmstrudel mit Himbeersahne 38
Senfbutter 88
Silvesterpunsch 141
Spanferkel mit Paprika-Rahm-Kraut 83
Spargeldip-Saucen 51
Spargel-Kartoffel-Gröstel mit Kalbfleischpflanzerl 48
Spargelnudeln mit Schinken 50
Spargelsuppe mit Sauerklee 45

T

Tellerfleisch mit saurem Kartoffelgemüse 26
Tellersülze vom Rhabarber mit Sauerrahmmousse 40
Topfencreme mit marinierten Erdbeeren 54
Topfenknödel mit Lebkuchenbrösel auf Orangenragout 138
Traubenkuchen mit Sauerrahmsauce 116

W

Waldmeistercocktail 55
Waller in der Kräuterkruste mit Wirsing 20
Wammerl, Krustenbraten vom 25
Weißwurstradeln, gebackene, auf Bierlinsen 97

Z

Zander in der Folie 86
Zwetschgendatschi mit Streuseln 100
Zwiebelkuchen 78
Zwiebelrostbraten 22

Bayerisches Wörterlexikon

aufschmalzen: eine Speise durch eine Fettzugabe früher nahrhafter, heute eher schmackhafter zu machen
Dampferl: der Vorteig beim Hefekuchen oder Sauerteig, der einige Zeit gehen muss, bevor man den eigentlichen Teig daraus fertigen kann
Dampfnudel: zumeist süße Teigknödel aus Hefe, Mehl, Milch und Butter, die im Dampf gegart werden und damit weiß bleiben (im Unterschied zur Rohrnudel)
Datschi: eigentlich ein dünner auf einem Blech gebackener Fladenkuchen, zumeist aus Hefeteig mit einem Obstbelag
Gröstel: ursprünglich ein Gericht aus geschnittenen Kartoffeln und Fleischresten, das in einer Pfanne zubereitet wurde; heute oft auch als »Bauernschmaus« bekannt
Haxerl: die Hachse, das Unterbein von Kalb oder Schwein
Knödel: anderswo als Kloß oder Klops bekannt; das *Nockerl* ist dann eine kleinere Form davon
Maibock: ein junges männliches Reh- oder Hirschwild
Maroni: Maronen oder Esskastanien
Nockerl: Kleine *Knödel* aus Mehl, Grieß oder Mais; die berühmtesten ihrer Art sind die süßen Salzburger Nockerl; im Italienischen als »Gnocchi« bekannt
Obazda: ein beliebter bayerischer Brotaufstrich aus Camembert, Topfen, Butter, Zwiebeln, Salz und Paprika; das Wort »Batz« bedeutet Vermengtes
Pflanzerl: ein mit der Hand geformtes Fleischbällchen oder -fladen; auch als Boulette, Frikadelle oder Kichla bekannt
Rahm: süße Sahne, Schlagsahne, 28 bis 36 % Milchfett
Sauerrahm: saure Sahne, 10 bis 35 % Milchfett
Schmarren: eine süße Mehlspeise aus mit Gabeln zerzupften Pfannkuchen; die Legende berichtet über den berühmten Kaiserschmarrn, dass der österreichische Kaiser Franz eine Speise seines Kochs so bezeichnete, wobei in diesem Zusammenhang »Schmarren« dann für Unsinn und Unfug steht
Schnitzel: eigentlich »Abgeschnittenes«; ein dünnes, aus den Rippen geschnittenes, knochenloses Fleischstück, das seit 1850 diesen Namen trägt
Sülze, Sulz: Aspik; eingedickte Speise, die früher ihre geleeartige Konsistenz aus dem Auskochen von gallerthaltigen Knochen erhielt
suren, gesurt: frühere Bezeichnung für pökeln oder säuern; heute eher für eine Art Garvorgang mit Säurebeigabe
Tellerfleisch: ursprüngliche Bezeichnung für gekochtes Rindfleisch, das in Scheiben aufgeschnitten mit Meerrettich serviert wurde
Topfen: Quark; ein bodenständiger Begriff, der im Süden und Osten Bayerns geläufig ist

Impressum

© 2005
by Südwest Verlag,
einem Unternehmen der Verlagsgruppe
Random House GmbH, München

Projektleitung im Verlag
Susanne Kirstein

Projektkoordination bei Hacker-Pschorr Bräu GmbH
Birgit Zacher

Bildredaktion
Sabine Kestler

Layout
Dan Popa, München
Maren Gehrmann, Germering

Projektrealisation und Redaktion
Stephanie Wenzel, München

Satz
Maren Gehrmann, Germering

Reproduktion
Lorenz & Zeller, Inning a. A.

Druck und Verarbeitung
Neografia, Martin

Printed in Slovakia

Gedruckt auf chlor- und säurearmem Papier

ISBN 3-517-06745-8
817 2635 4453 6271

Hinweis

Das vorliegende Buch ist sorgfältig erarbeitet worden. Dennoch erfolgen alle Angaben ohne Gewähr. Weder Autor noch Verlag können für eventuelle Nachteile oder Schäden, die aus den im Buch gegebenen Hinweisen resultieren, eine Haftung übernehmen.

Bildnachweis

Foodfotografie: Karl Newedel, München
Fotos von Herrn Schuhbeck: Sammy Hart Fine Art Photography, München
Corbis, Düsseldorf: 9 (N.N.); Dr. Bahnmüller, Geretsried: 28, 80, 81 li., 129 o.re., 133, 155; F1online, Frankfurt: 126/127 (Uselmann); Forster Hajo, Starnberg: 108, 152 re.; Hacker Pschorr Archiv: 8, 10 (3), 11, 14 re., 89 (3), 102 u.; IFA-Bilderteam, Taufkirchen: 129 o.li. (Harris), 150 (Aberham); Lehr Jürgen, München: U4 o., Vor- und Nachsatz, 30 (2), 31, 59 li., 86, 93, 109 o., 119, 129 u., 132, 142, 143, 152 li.; Liu Ken, Dietfurt: U1 o. (1. bis 3. v. li.), 63, 81 re., 92 (2), 102 o., 107, 109 u., 113, 118, 128, 153; Mauritius, Mittenwald: 15 o. (Ley), 71 o. (J. Beck); Plettenberg Thomas, Miesbach: 43; Schubert Kurt, Prien-Bachham: 56/57, 62; Siegert Günter, München: 103; Siepmann Martin, Geretsried: 12/13, 45, 50; Spitta Wilkin, Loham/Mariaposching: U1 o. re., 39, 59 re., 94, 149, 156; Spohr Sebastian: 116; Spreter Heike: 15 u.; Stockfood, München: U4 u. (U. Schmid), 14 li. (Bodo Schieren), 70 (Eising); Südwest Verlag, München: 42 (A. Plewinski); Superbild, Grünwald/München: 58 (H. Schmidbauer); Widmann Thomas P., Regensburg: 71 u., 90/91

Dank

Wir danken der Firma Hacker-Pschorr Bräu GmbH für die freundliche Unterstützung.
Hacker-Pschorr Bräu GmbH
Hochstraße 75
81541 München
www.hacker-pschorr.de